Der Mensch und seine Zeichen 2. Band

Adrian Frutiger

Der Mensch und seine Zeichen

Textbearbeitung Horst Heiderhoff

Die Zeichen der Sprachfixierung

Horst Heiderhoff Verlag Echzell

»eidos« Beiträge zur Kultur Band 35

Erste Auflage

Schrift: Iridium der D. Stempel AG, gezeichnet von Adrian Frutiger
Satz und Druck: Hausdruckerei der D. Stempel AG, Frankfurt am Main
Papier: Dullcoat Super 120 g/qm der Classen-Papier KG, Essen-Kettwig

Printed in Germany

ISBN 3-921640-48-2

Inhalt

O mon âme! le poème n'est point fait de ces lettres que je plante comme des clous, mais du blanc qui reste sur le papier.

PAUL CLAUDEL

I Vom Gedanken zur Abbildung

1. Die Vor-Bilder

Felsbild

Ursprung und Entwicklung der menschlichen Intelligenz fesseln mehr denn je die Forschung. Die stets neuentdeckten Funde von überlieferten Zeugnissen vorgeschichtlichen »Denkens« häufen sich wie Einzelteile eines Zusammensetzspieles, an dessen logischer Reihung unaufhörlich gearbeitet wird. Aus der Eiszeit stammend (etwa 60000 Jahre vor unserer Zeitrechnung), sind uns auf Felswänden Aufzeichnungen in Form von geritzten, gehauenen, gemalten Markierungen erhalten geblieben. Diese »Denkmäler« werden gerne als sogenannte Vorläufer unserer Schrift angesehen. Vorläufer in einem sehr weiten Sinne verstanden sind sie gewiß, aber niemals als direkt in Verbindung stehende Vorlagen von dem, was wir heute eine Schrift (selbst eine Bilderschrift) nennen.

Der Mensch hatte in dieser Frühzeit sein Bewußtsein mit weit lebenswichtigeren Unternehmungen belegt, als es der Versuch einer ersten Sprachfixierung sein konnte. So sind Höhlenzeichnungen vielmehr als magische Beschwörungsmittel zu werten, die aus Furcht vor dem Übernatürlichen entstanden sind, und dies aus reinen Überlebensgründen und zur Befriedigung der natürlichen Triebe.

2. Die Sprache und die Geste

Vor der Schrift bestand die Sprache, eine *Art* Sprache, ein über Millionen von Jahren hindurch sich entwickelndes Verständigungssystem, das wohl zuerst zum Teil aus Lauten bestand, jedoch bestimmt durch andere Ausdrucksformen unterstützt war, die nicht ausschließlich das Gehör »ansprachen«. Alle Tiergattungen senden und empfangen Nachrichten, die sich aber im Bereich *aller* Sinne ausdrücken: Sehen, Hören, Fühlen, Riechen, Schmecken. Es ist deshalb anzunehmen, daß ein ursprüngliches »Sprechen« nicht allein aus Lauten bestand, sondern aus vielerlei Gestikulieren, Berühren, Beriechen etc. Aus dieser Überlegung heraus taucht die

In den Sand geschrieben

Frage auf, inwieweit diese körperlichen Sprechbegleitungen nicht *Teil des Ursprungs* zur schriftlichen Aufzeichnung sein könnten.

Aus innerem Bedürfnis unterstützt der Redende auch heute immer wieder seine Aussage durch Figuren oder figurenumschreibende Gesten; und wenn er etwa am Strand liegt, kann er nicht widerstehen, in die glatte Sandfläche mit dem Finger hineinzuzeichnen, um zu verdeutlichen, was er gerade erzählt.

In einer unserem geschichtlichen Zeitalter viel näher liegenden Periode versuchte der Mensch der späteren Steinzeit mehr und mehr, seine eigenen Zeit- und Raumbegrenzungen zu erkennen und zu begreifen. Bewußtwerden um Leben und Tod wurde Beweggrund zur Erfindung, zum Drang der Selbstbestätigung. Erlebtes und Geplantes auszudrücken, Erhofftes und Gefürchtetes auszusprechen und zugleich auch der Wunsch, diese neuen Erkenntnisse festzuhalten, aufzuzeichnen, scheint ein natürlicher, wenn auch weit späterer Fortlauf des Entwicklungsprozesses zu sein.

Beim Betrachten einer prähistorischen Aufzeichnung drängt sich deshalb die Überlegung auf, daß eine begleitende, erklärende, rituelle oder erzählende Gesten- und Lautsprache in enger Verbindung mit der Abbildung bestanden haben muß.

Das Aufgezeichnete ist uns erhalten geblieben, das Gesprochene hingegen (und damit auch die Deutung der Zeichen) ist uns nicht unmittelbar überliefert.

Die Entstehung der eigentlichen »plastischen« Fixierung des ausgesprochenen Gedankens liegt unseres Erachtens in einer doppelspurigen Entwicklung von gesprochenen Lauten einerseits und aufzeichnenden Gesten andererseits. Allmählich tendierte dieser Komplementär-Ausdruck dahin, daß immer dieselben Zeichnungen in Begleitung mit denselben Aussagen verwendet wurden. Die Bilder wurden in diesem Augenblick zu einer Schrift, die Gedachtes und Gesprochenes so festhielt, daß es ohne zeitliche Begrenzung immer wieder dargestellt, also ab-gelesen werden konnte.

Protohistorische »Erzählung«
ca. 10000 v. Chr.

II Die Sprachfixierung

Schrift im Sinne eines wirklichen Festhaltens von Gedachtem und Ausgesprochenem ist eigentlich erst von dem Punkt an zu werten, wo Zeichnungen oder Zeichen in *direkter* Beziehung mit ausgesprochenen Silben, Wörtern oder Satzbegriffen auftreten.

Den ersten frühgeschichtlichen »Schreiber« stellen wir uns etwa im 5. Jahrtausend v. Chr. in der Gegend des Mittleren Orients vor. Mit Hilfe von sogenannten »Piktogrammen« schematisierte er Gegenstände, Daten, Aktionen. Wirklich zu schreiben begann er jedoch erst in dem Augenblick, als er die Zeichen im Sinne seines eigenen linearen Gedankenablaufes neben- oder untereinander zu ordnen, »zu reihen« begann. So entstanden nach und nach Zeichen-Reihen, die sich durch ständig wiederholten Gebrauch zu fortlaufenden Schrift-Kulturen weiterentwickelten.

Frühe hethitische Bilderschrift ca. 4000 v. Chr.

1. Zwei Arten der Schriftentwicklung

Allen Schriften, die aus einem natürlichen Entwicklungsgang entstanden sind, liegen mit Sicherheit Bilderschriften zugrunde. Beim Studium der langwierigen, unterschiedlichsten Entwicklungsarten in Richtung auf die bestimmte graphische Fixierung einer Sprache können zwei wesentliche Kategorien charakterisiert werden.

a Die bildhaft »gebliebenen« Schriften

Damit sind alle diejenigen Schriften gemeint, die auch über Jahrhunderte keine umwälzende Veränderung erfahren haben, da ihre Zeichen im Stadium des Bildes, wenn auch stilisiert, geblieben sind. Der lebende Beweis hierfür ist die chinesische Schrift. Das zum Beispiel gezeigte Zeichen für Pferd ist in seiner archaischen Form klar erkennbar; die Form selbst hat sich später wohl etwas systematisiert, aber die Grundstriche und Bewegungen sind im heutigen Zeichen immer noch vorhanden (vier Beine, Kopf, Schwanz etc.).

Chinesische Schriftentwicklung

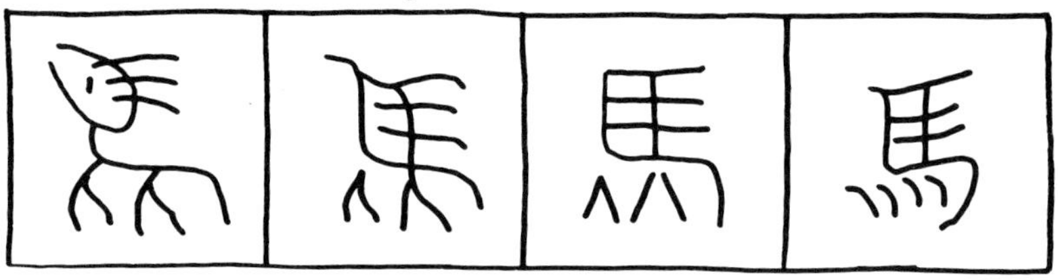

Pferd archaisch — Pferd heute

b Die »alphabetischen« Schriften

Darunter verstehen wir alle diejenigen Schriften, deren ursprüngliche Bild-Zeichen im Laufe der Jahrhunderte zu rein phonetischen Zeichen verwandelt wurden, wobei deren Strichgebung sich bis auf die äußerste Vereinfachung reduzierte. Dies kommt am deutlichsten in unserem lateinischen Alphabet zum Ausdruck. Unser Beispiel zeigt an erster Stelle ein frühes Bildzeichen für Stier = »Aleph« mit allen Einzelheiten wie Ohr, Hörner, Auge. Im Ablauf bleiben nach und nach die für das Bild prägnanten Teile weg. Es kristallisiert sich ein reines Abstraktum heraus.

Lateinische Schriftentwicklung

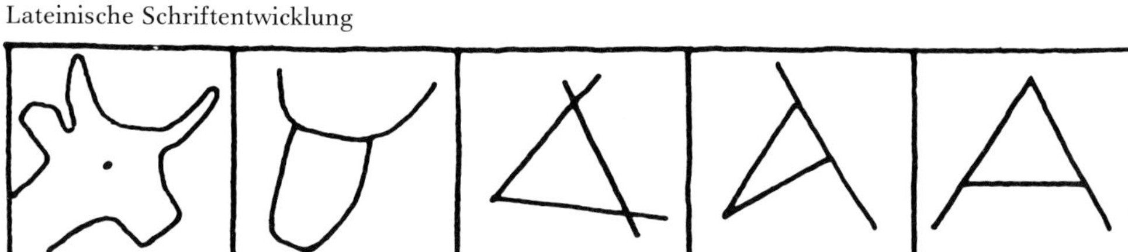

Von der Hieroglyphe bis zum heutigen Tonzeichen »A«

2. Ein gemeinsamer Ursprung?

Wer sich mit der Geschichte der zahlreichen geschriebenen Sprachen unserer Zivilisation beschäftigt, sucht vergebens nach einem gemeinsamen Ursprung der Zeichengebung. Zwar wurde schon des öfteren versucht, Annäherungen und Verbindungen von primitiven Schriftausdrücken verschiedener Zonen und Kontinente herzustellen. Einstimmige Zusammenhänge konnten jedoch nie festgelegt werden, und es ist unwahrscheinlich, daß man diese auf dem Gebiet der Urschriften findet.

Dennoch bestehen unumgängliche Analogien elementarer Zeichen – jedenfalls, was die bildhafte Vorstellung von Objekten betrifft, die allen Völkern gemeinsam gewesen sein müssen. Denken wir nur an Wiedergaben menschlicher und tierischer Figuren, an typische Waffenarten wie Pfeile etc. Sicher wurde der Mond in allen Teilen der Welt als Sichelform, ein Berg als Dreieck und das Wasser als Wellenlinie dargestellt. Diese Tatsachen lassen deshalb keineswegs auf das Bestehen einer »Urschrift« schließen, sondern vielmehr auf ein scharfes Beobachtungsvermögen und einen besonderen Interpretations-Sinn, der dem frühen Schreiber eigen war.

Drei archaische Zeichen für Wasser

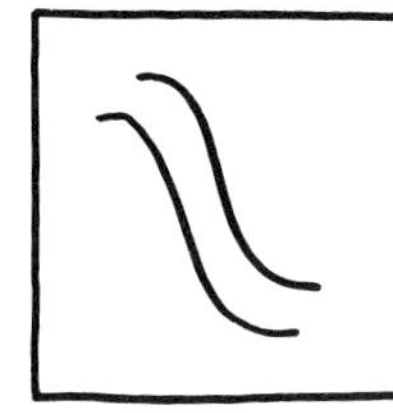

Mesopotamien

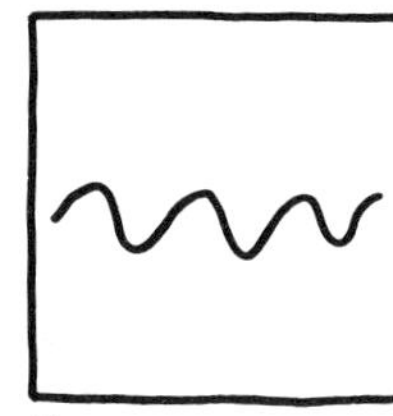

Ägypten

China

3. Die vererbten Archetypen?

Die Vorstellung, daß tief im Unterbewußten Figuren als sogenannte »Archetypen« von Geburt an erbmäßig verankert sind und auf eine gemeinsame symbolische Deutung Bezug nehmen, wäre hier ebenfalls zu erwähnen. Ob eine junge Katze schon das Bild »Maus« in sich trägt, bevor sie eine solche zu Gesicht bekam, oder ob ein Kind Feuer als »Gefahr« erkennt, bevor es sich verbrannt hat? Daraus resultiert eine grundlegende Fragestellung, die jedoch weit über die Grenzen unserer Betrachtungen hinausweist: ob nämlich eine bildhafte Vorstellung angeboren sein kann oder ob sie zuerst erlebt werden muß, um als Erinnerung im Unterbewußten eingetragen zu werden.

Angeborener Archetyp?

4. Vom Bild-Zeichen zum Ideen-Zeichen

In einer gedrängten Zusammenstellung versuchen wir Zeichen aus drei wichtigen Kulturkreisen zu vergleichen und einige Grundprinzipien dieser Bilderschriften aufzuzeigen.

Auf der ersten Tafel sind links in archaischer Form chinesische Zeichen, in der Mitte Vorläufer der Keilschrift aus Mesopotamien und rechts Hieroglyphen-Zeichen aus dem alten

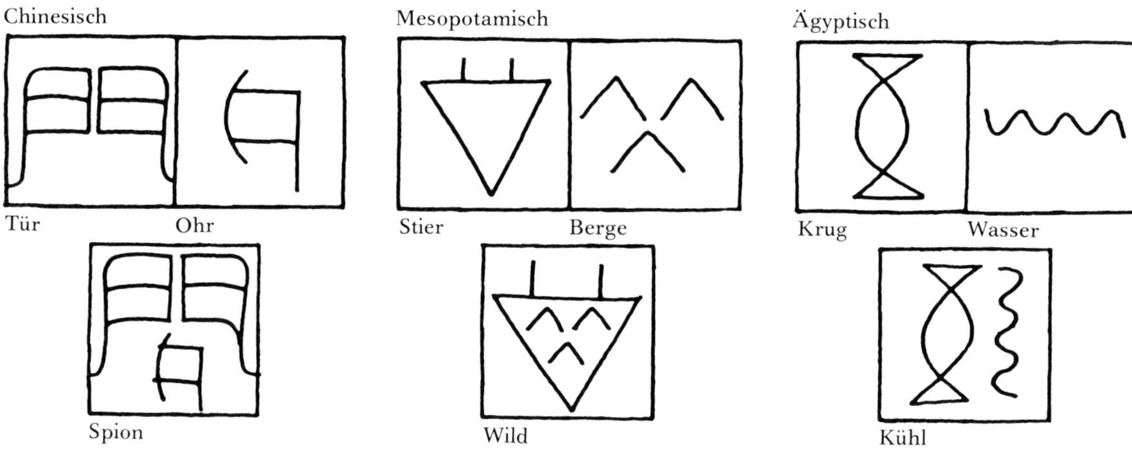

Ägypten abgebildet. In der oberen Reihe stehen je zwei reine Objekt-Zeichnungen: Tür und Ohr in Altchinesisch, dann Ochse und Berg in Frühmesopotamisch und rechts die ägyptischen Hieroglyphen Krug und Wasser. Darunter kombinieren sich jeweils die beiden Gegenstände zu einer neuen Bedeutung mit komplexerem Ausdruckswert. Die Verbindung drückt danach eine Eigenschaft aus: das Ohr hinter dem Türflügel besagt jetzt »horchen«, »spionieren«, die Berge im Ochsenkopf bedeuten »wild« (der Ochse sehnt sich nach den Bergen), das Wasser in Verbindung mit dem Krug heißt »frisch«, »kühl«.

In drei weiteren Anschauungsbeispielen zeigen wir je zwei Bildzeichen mit abstraktem Inhalt: im Chinesischen meint ein Punkt (Pfeil) in der Scheibe »Mitte«, die Swastika

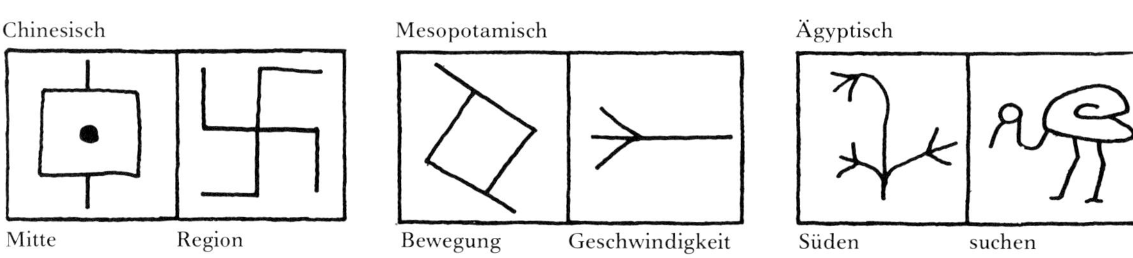

der vier Windrichtungen steht für »Region«. Das ursprüngliche Keilschriftzeichen für Sonne bedeutet »Bewegung«, der Pfeil steht für Geschwindigkeit. An dritter Stelle rechts veranschaulichen zwei rein figürliche Hieroglyphenzeichen abstrakte Begriffe: die nach der Sonne geneigte Pflanze bedeutet »Süden«, der Vogel mit gesenktem Kopf steht für den Begriff »suchen«.

Das letzte Beispiel bringt sechs Zeichen, die an der Grenze des Bildhaften liegen: ein über oder unter der Linie placierter Punkt meint auf chinesisch »oben« bzw. »unten«, ein offener Winkel heißt im Mesopotamischen »senken«, ein diagonales Kreuz »schützen«. Im ägyptischen Kreuzzeichen für »Gottheit« ist noch eine menschliche Figur erkennbar, in der Hieroglyphe für »Tag« sind die Sonnenstrahlen am Morgen, am Mittag und am Abend noch erklärend angegeben.

Aus dieser Beispielfolge geht hervor, wie sich das Bildzeichen »Piktogramm« in einer ersten Entwicklungsphase zu einem ideenhaften Ausdruck »Ideogramm« hin zu verändern vermochte.

Chinesisch

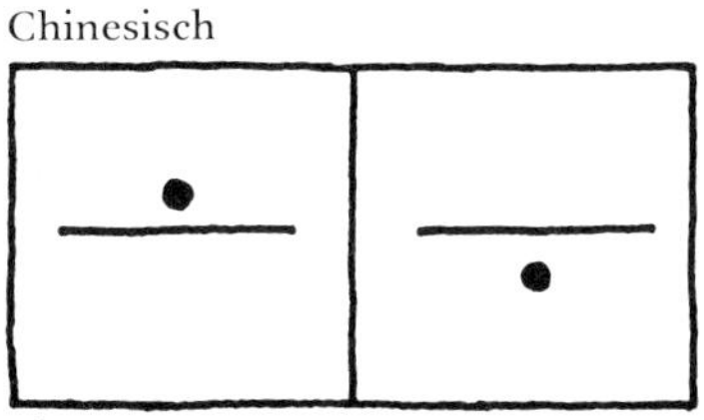

oben unten

Mesopotamisch

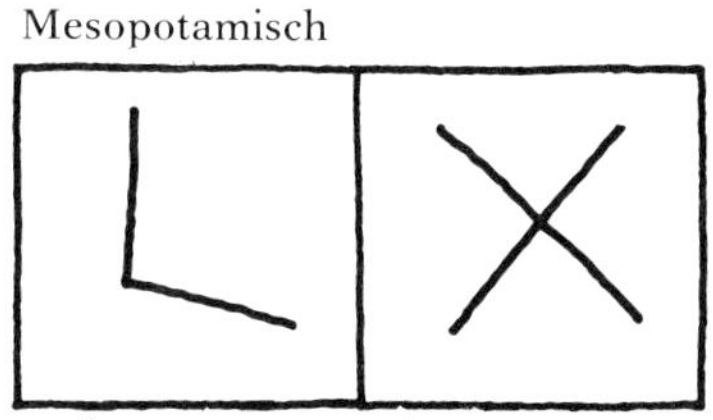

senken schützen

Ägyptisch

Gottheit Tag

5. Die Determinativen

Hier müßten jetzt eigentlich unzählige zum Aufbau aller Sprachsysteme und Grammatiken wesentliche Vorgänge erläutert werden. Dies würde jedoch den Rahmen unserer rein graphischen Betrachtungen bei weitem überschreiten.

Als treffendes Beispiel sei an dieser Stelle nur auf eine der wichtigen Regeln hingewiesen: die sogenannten »Determinativen«, die in den frühen Schreibregeln eine sehr wichtige Rolle eingenommen haben.

Das sumerische Gegenstands-Zeichen »Pflug« wird dergestalt zum Determinativ-Zeichen, wenn es neben dem Rechteck »Grundstück« steht und dadurch aussagt, daß es sich um einen »Acker« handelt.

Andererseits wird das gleiche Zeichen »Pflug« zum Determinativ »Bauer«, wenn es neben dem Bildzeichen für »Mann« oder »Mensch« steht. Die im Zeichen »Mann« zusätzlich angebrachten Querstriche sind außerdem hierarchische Wert- oder Rangbezeichnungen.

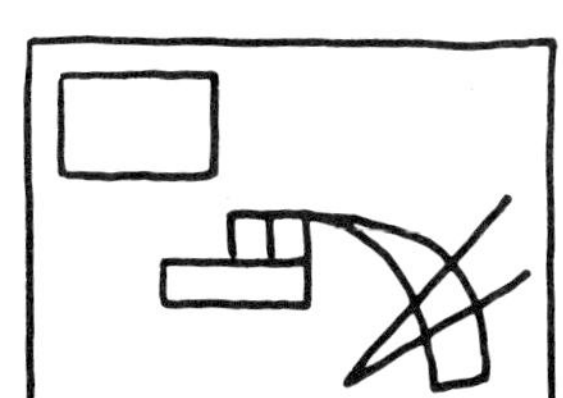

Acker

Bauer

6. Vom Ideen-Zeichen zum Ton-Zeichen

Eine der wichtigsten Entwicklungsstufen zur eigentlichen Sprachfixierung stellt der Gebrauch eines Bildzeichens zur Wiedergabe *eines Silbenlautes* – und nicht mehr zum Festhalten eines Begriffs – dar.

Das »Piktogramm« wird dann zum »Phonogramm«. In rebus-artiger Form könnte also das Wort »Ursprung« – in unsere heutige Sprachform übersetzt – mit den Bildzeichen für »Uhr« und »Sprung« fixiert werden.

Uhr – Sprung

So wurden aus Bild- und Ideenzeichen die Silbenzeichen; nicht nur der Sinn einer Aufschrift, sondern auch dessen Aussprache war für immer »schriftlich« festgehalten.

III Der graphische Reichtum der Bilderschriften

1. Von der sumerischen Bilderschrift zur Keilschrift

In dem Zweistromland zwischen Euphrat und Tigris lebte schon vor dem 4. Jahrtausend v. Chr. ein Menschenstamm unbekannter Rasse, die Sumerer, deren faszinierende Kultur noch weitgehend in der Dunkelheit der Geschichte liegt. Wahrscheinlich waren es eingewanderte Nomadenstämme aus nordöstlichen Regionen, die sich hier angesiedelt haben. Dieses Volk entwickelte sich unter harten klimatischen Bedingungen in einer an sich fruchtbaren Ebene. Die erschwerten Lebensbedingungen hatten keinen geringen Einfluß auf ihre Entwicklung, sowohl in geistiger als auch in wirtschaftlicher und sozialer Hinsicht. Die Sumerer und ihre semitischen Nachfolger waren eher logisch-wissenschaftlicher Denkart, was besonders vor dem Hintergrund ihrer Schriftkultur deutlich spürbar wird.

Die frühesten Schriftstücke Sumers sind uns aus dem 4. Jahrtausend v. Chr. bekannt. Sie gelten allgemein als älteste Denkmäler von Aufzeichnungen, die als eigentliche »Schrift« bezeichnet werden können. Es sind in Ton geritzte Bildzeichen, in denen die gerade Linie bereits stark vorherrscht, was schon sehr früh auf die Technik einer in Ton eingedrückten Spachtel schließen läßt. Für die Epoche der Jungsteinzeit ist die Formvereinfachung besonders überraschend, und es stellt sich unwillkürlich die Frage nach älteren, bis heute nicht entdeckten Vorstufen dieser Piktogramme.

Die stark stilisierten Zeichnungen sind entweder Darstellungen kompletter Gegenstände oder nur Teile von diesen mit verdeutlichter Beschreibung. Eine der neuesten Thesen bringt die sumerische Bilderschrift in Zusammenhang mit den an vielen archäologischen Fundstellen des Mittleren Ostens entdeckten zahlreichen Kleingegenständen aus Ton verschiedenster Formen. Bis jetzt wurden diese weniger beachtet: sie wurden als Spielfigürchen, Schmuckstücke oder Amulette nebensächlich gewertet. Man hat nun herausgefunden, daß viele dieser Tonfigürchen den frühesten Bilderschriftzeichen verblüffend ähnlich sehen. Zum Beispiel sind

Theorie von Schmandt-Besserat

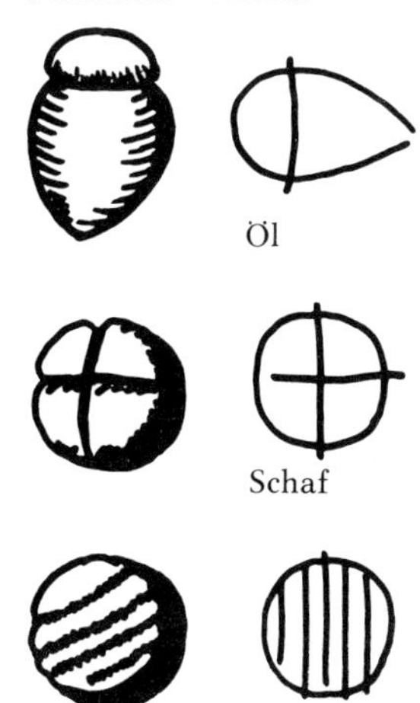

Tongegenstände als Vorläufer der Schrift?

Sumerisch

Mann (Penis) Frau (Vulva)

Ägyptisch

Mann Frau

Piktogramme für Öl, Schaf, Wolle etc. genaue »Abzeichnungen« von in Ton bereits seit Jahrtausenden bestehenden Gegenständen. Oft wurden sie eingeschlossen in hohlen Tonkugeln entdeckt, so, als wären sie zu Handelszwecken inventarisiert worden, indem eine entsprechende Anzahl Figürchen im Behälter als Erinnerungsstütze festgehalten wurde. Die so in diesen Gefäßen abstrakt aufbewahrte Anzahl Vieh oder Getreide wurde später außen auf die Behälter in verkleinerter stilisierter Form gezeichnet. Auf diese Weise ist aus der Figur ein Zeichen geworden. Diese Entdeckung liefert uns wahrscheinlich die Erklärung über die Bildvereinfachung, die sich sehr lange *vor* den ersten gezeichneten Piktogrammen im gekneteten Tonfigürchen stilisiert hat und sozusagen als erstes »plastisches« Schriftstück aus dem 8. Jahrtausend v. Chr. gewertet werden kann.

Erstaunlich ist der Vergleich der sumerischen Zeichen für Mann (Penis) und Frau (Vulva) mit den zur selben Zeit in Ägypten gebrauchten Hieroglyphen gleicher Aussage. Die Hieroglyphen bilden den gesamten Körper ab, ihre »Lesbarkeit« ist jedoch viel unpräziser als die Zeichen der Sumerer.

Wie stark sich die sumerische Schreibart auf das Wesentliche beschränkte, zeigen die nachfolgenden Abbildungsreihen. Man achte hier auf die sehr markante graphische Kraft einer Stilisierung, wie beispielsweise diejenige des Begriffs »Hand«, in der die Auseinandersetzung mit dem anatomischen Mechanismus der vier ausgestreckten Finger und dem gegenüberstehenden, sich bewegenden Daumen klar schematisiert ist. Unter diese Zeichen, deren Aussage naturalistisch deutlich abzulesen ist, mischen sich auch geometrische mit abstrakterem Sinn, für deren Entschlüsselung eine Erklärung, ein Lesen-Lernen notwendig ist (unterste Reihe).

Von besonderem Interesse ist die Kombination mehrerer Zeichen mit neuen Aussagen durch die Anwendung des Determinativ-Systems (vorletzte Reihe).

Im 3. Jahrtausend änderte sich der Schriftausdruck vollkommen. Keine andere uns bekannte Schrift hatte eine derart prägnante Metamorphose erlebt. Im Gegensatz zu den immobilen Monumenten Ägyptens, an die der Betrachter herangehen mußte, besaß die Bevölkerung Mesopotamiens eher das Temperament zur Beweglichkeit. Der Gedanke an Transport und Austausch von Mitteilungen wurde zum wichtigsten Faktor. Als hauptsächlichstes Schreibmaterial wurden Tontafeln verwendet, die sich nach Brennen an Sonne oder Feuer besser transportieren und in Stapeln aufbewahren ließen.

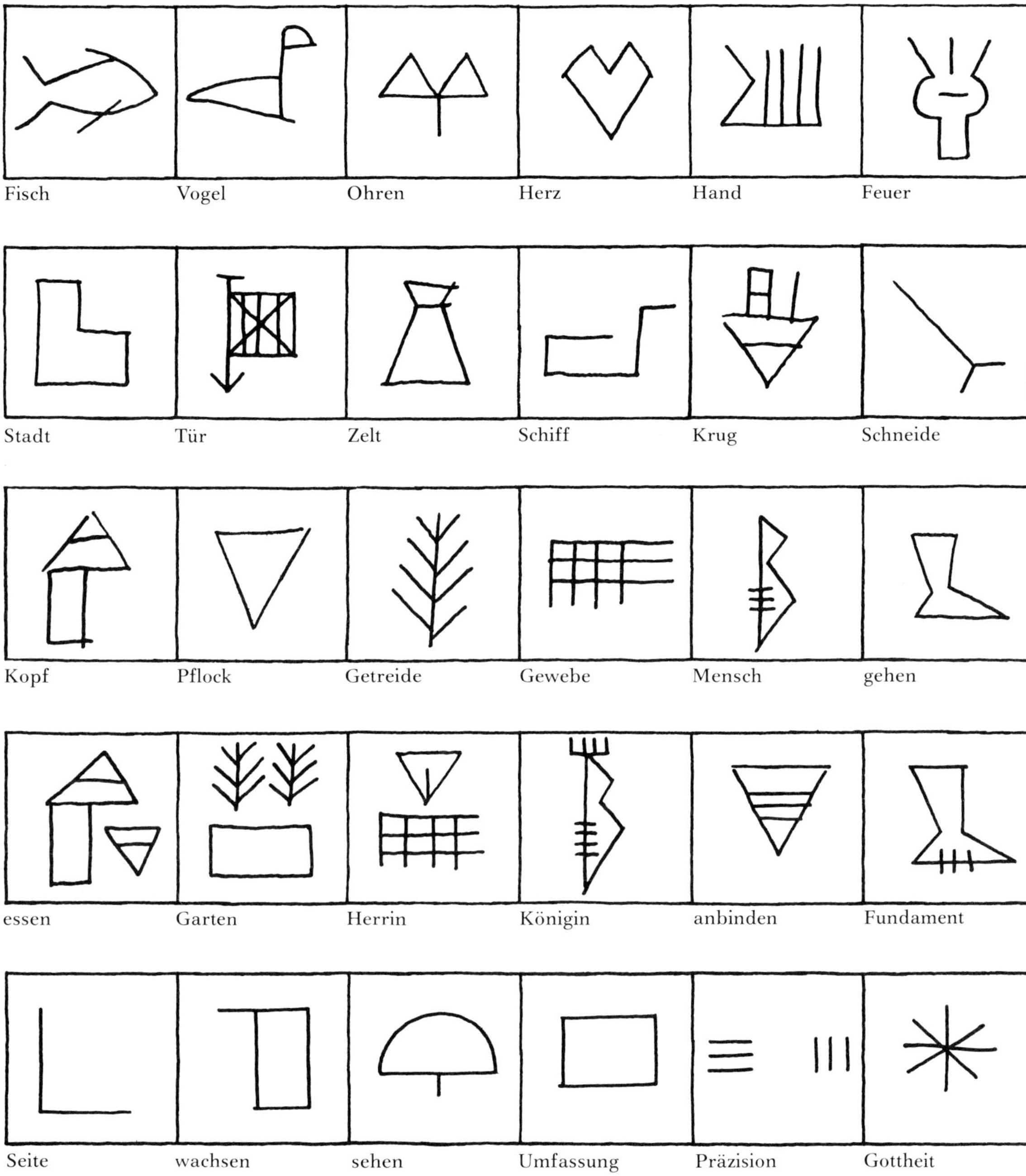

Die früheste, schon zum Abstrakten neigende Bilderschrift der Sumerer, um 3500 v. Chr. (Barton, Unger)

Die Keilschrift verdankt ihren Namen den einzelnen gradlinigen Stricheinheiten, die durch Schräghaltung des einstechenden Griffels dem Strich eine längliche, dreieckige Form verleihen. Diese Einstechtechnik wurde allmählich der Ritztechnik vorgezogen, da sie beim schnellen Schreiben keine sogenannten Späne heraushebt und der vertiefte

Strich keinen Grat (durch die Materialverdrängung) an den Rändern hinterläßt, der dann beim Brennen und Aufeinanderlegen der Plättchen hinderlich ist. Die Keilschrift liefert eines der typischen Beispiele dafür, wie sich die Schriftform nicht allein aus geistiger Überlegung, sondern aus dem gegebenen Material heraus entwickelt hat.

Einritzen in Ton

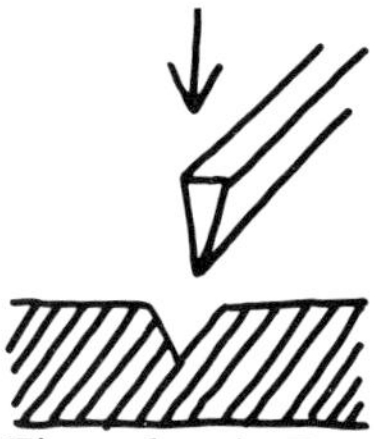
Einstechen in Ton

Sumerisch 3500 v. Chr. Babylonisch 2000 v. Chr. Assyrisch 1000 v. Chr.

Fisch

Stier

Bein

Durch die drei Jahrtausende vor unserer Zeit haben sich die Zeichen der Keilschrift weiter verändert, vereinfacht und auch den Sprachen der Nachbarvölker angeglichen. Der ursprüngliche bildhafte Gebrauch der Zeichen wurde mit der Zeit phonetisch, die Anzahl der benutzten Zeichen allmählich reduziert. Um die Mitte des 1. Jahrhunderts v. Chr. war diese Schrift voll ausgebildet, sie wurde im gesamten semitischen Sprachraum als »Gedankenverkehrsmittel« angewandt, dann aber durch die aramäische Buchstabenschrift allmählich zurückgedrängt. Wenn dieser Schriftausdruck nicht in unsere Zeit hinüberdringen konnte, so ist dies der Tatsache zuzuschreiben, daß sich die Keilschrift mit ca. 1000 kompliziert geformten Wort- und Silbenzeichen der aramäischen Buchstabenschrift mit ihren 22 Zeichen unterlegen zeigte.

2. Die ägyptischen Hieroglyphen

Das Niltal und sein Delta sind die Lebensader Ägyptens. Im Rhythmus der Jahreszeiten überflutet der große Strom weite Teile des Landes, und mit dem Hochwasser wird fruchtbarer Schlamm abgelegt. Hier war die Wiege eines an Phantasie reichen Volkes, begabt für Naturbeobachtung, geneigt zur Versunkenheit in Werk und Wort der Götter.

Fasziniert von den Naturkräften, hat dieses Volk versucht, dieselben durch magische Zeichen zu beschwören. Je intensiver der Sonnenkult (und der des Gegenteils: des Todes), desto reicher wurden die Hieroglyphen (heilige Bildzeichen) ausgebaut.

Die noch unmittelbar verständlichen Bildzeichen der Ägypter, um 3000 v. Chr.

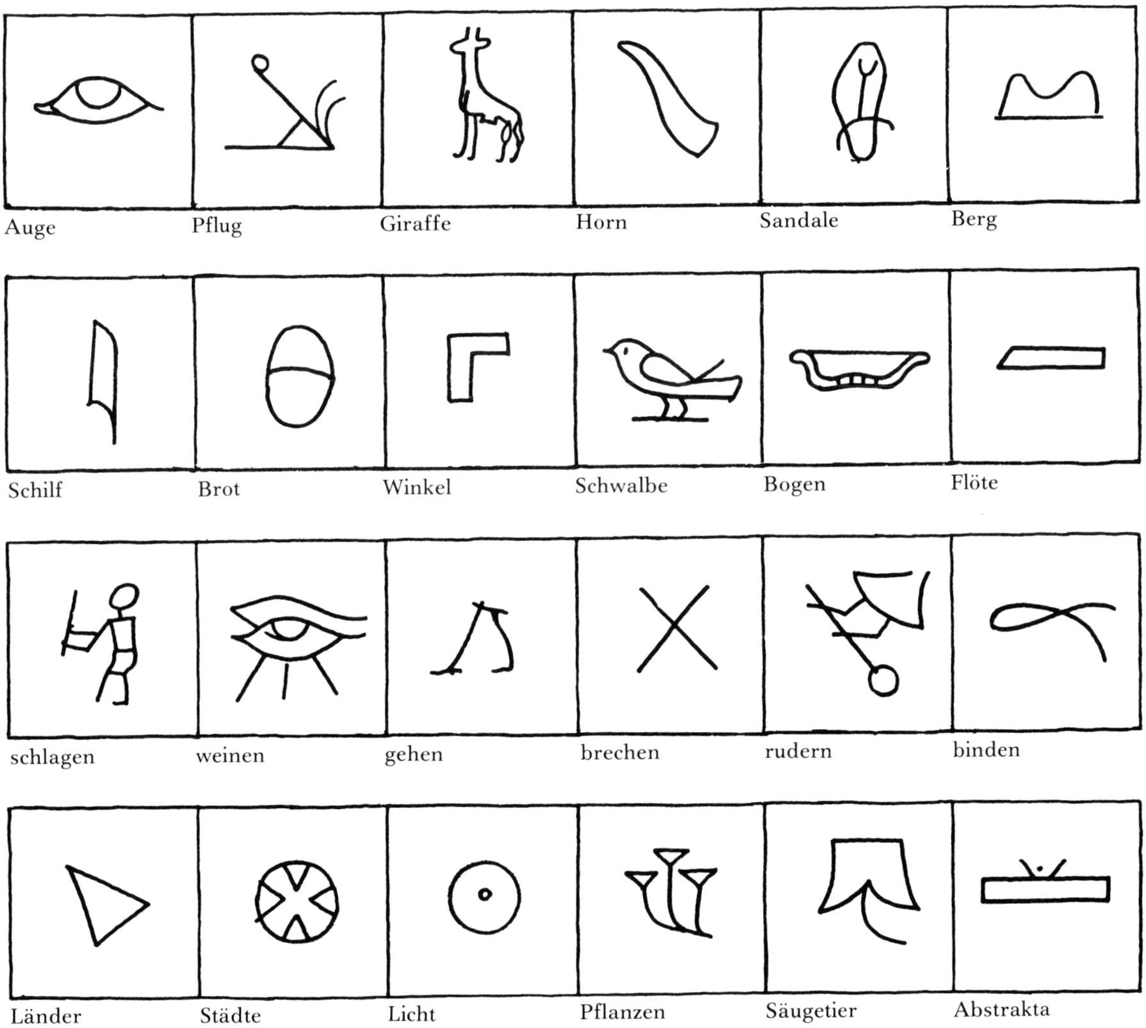

Im Verlauf des 4. Jahrtausends v. Chr. entstanden Riesen-Monumente, die aus den das Tal des Nils umrandenden Felsen herausgehauen wurden. Dem Ausmaß entsprechend wurden große Zeichen eingraviert, die Zeit und Tod überdauern sollten.

Der Ausdruck »Hieroglyphe« steht ausschließlich der Bilderschrift zu. Diese durch die Priester (Hüter der religiösen und politischen Tradition) geschaffenen Zeichen behalten durch drei Jahrtausende eine erstaunliche Stabilität in der Form. In vortrefflicher Stilisierung und Proportionierung spiegeln sie den Reichtum der Umwelt wider.

In den vorstehenden Abbildungsreihen stellen wir eine kleine Auswahl treffender Hieroglyphen vor. In den beiden ersten Reihen erkennen wir reine Gegenstandsdarstellungen, in der dritten Reihe Tätigkeiten, während in der letzten Reihe Zeichen stehen, die hauptsächlich als Determinative verwendet werden.

Parallellaufend zur monumentalen, an die Tradition gebundene Form der Hieroglyphen, entwickelte sich schon im Laufe des 3. Jahrtausends die geläufigere, hieratische Schreibschrift. Die figürlich gemeißelten Zeichen wurden mit einem Rohrpinsel »flüchtig« auf Papyrus imitiert und brachten dadurch eine Vereinfachung der Zeichen. Im Verlaufe des 1. Jahrtausends v. Chr. kristallisierte sich die Schreibweise zu einem noch lapidareren Ausdruck. Es entstand so die demotische Schrift. In ihr ist der Zusammenhang mit den ursprünglichen Bildzeichen nur noch schwer zu erkennen.

Hieroglyphen hieratisch demotisch

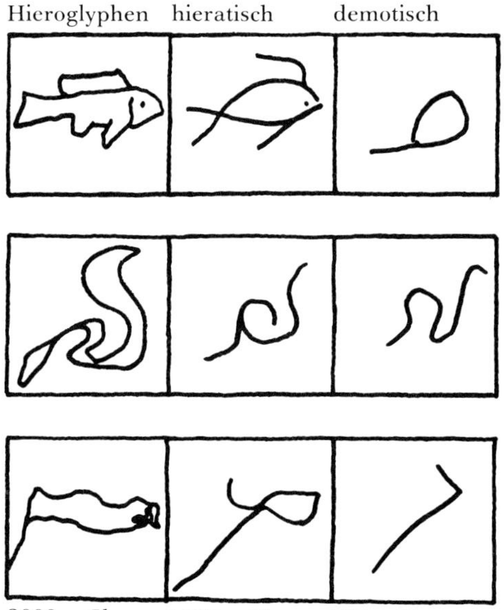

3000 v. Chr. 1500 v. Chr. 500 v. Chr.

Die ägyptische Schriftkultur ist heute als wesentlichste Grundlage unseres westlichen Alphabets zu werten. In dem Abschnitt, der sich mit den alphabetischen Schriften beschäftigt, werden wir noch ausführlicher auf die hypothetische Abstammung unserer Schriftzeichen zurückkommen.

3. Die Schriften auf Kreta

Zwischen Keilschrift und Hieroglyphen, den beiden Hauptsäulen, auf die gerne die abendländische Schriftkultur gestützt wird, finden sich Zeugnisse zahlreicher paralleler Kulturentwicklungen, wie z. B. diejenigen der Inseln Kreta und Zypern oder etwa die der syrischen und sogar der indischen Schriftkreise. Es ist wohl auch anzunehmen, daß all diese Völker durch die wachsenden Handels- und Einwanderungsbewegungen in den Einfluß der Babylonier und Ägypter gerieten und dadurch auch einiges von diesen Kulturausdrücken übernahmen. Dennoch muß in Betracht gezogen werden, daß jedes Volk seinen eigenen Reichtum an Erfindungsgaben besitzt.

Durch ihre nahezu verbindungslose Insellage ist die kretische Kultur von einem engeren Kontakt mit den Nachbarvölkern weitgehend abgehalten worden. Diese Tatsache geht aus dem Charakter der Schrift klar hervor. Obwohl frühe Einflüsse durch ägyptische Bildzeichen vorhanden sind, behält der gesamte Schriftausdruck der Insel eine eigenständige Art der Sprachfixierung, deren graphische Eigenwilligkeit den Betrachter ebenso fasziniert wie deren Rätselhaftigkeit.

Die Bildschriftzeichen der frühesten Kulturepoche Kretas erscheinen um 2000 v. Chr. Es sind stark figürliche Darstellungen, obwohl sehr wesentliche intellektuelle Vereinfachungen schon darin vorhanden sind, wie z. B. das Zeichen der gekreuzten Arme, das einen vollständigen Gedankenablauf in sich trägt. Der Vergleich mit den ursprünglichen hieroglyphenartigen Zeichen und den aus ihnen entwickelten Silbenzeichen weist auf eine sehr klare Illustration des Unterschieds zwischen einer den Gegenstand umreißenden figürlichen Zeichnung und einer danebenstehenden körperlosen, rein linearen (Linear B) Zeichengestaltung. Dabei taucht wieder die Überlegung auf, daß geschlossene Umrißzeichen zum Gegenständlichen tendieren (Band 1, Morphologische Tafel 1, Quadrat und Kreuz), während offene Zeichen mit sichtbaren Strich-Enden nach einer abstrakteren,

Mehr als ein Bild:
ein Gedankenablauf

Ochse 2000 v. Chr.

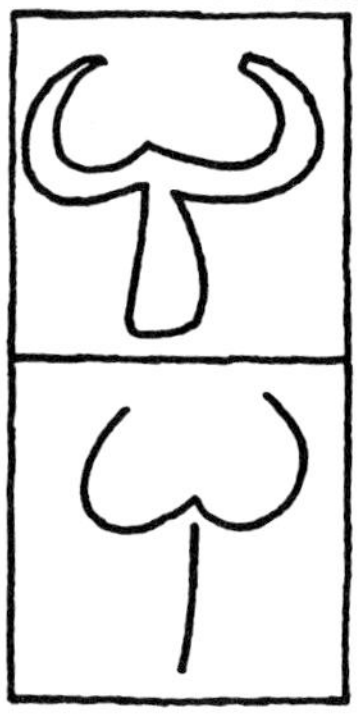

»ru« 1500 v. Chr.

weniger bildhaften Nutzung der Zeichen hindeuten: aus der Zeichnung eines Ochsen ist in 500jähriger Schriftabnutzung das Silbenzeichen »ru« geworden.

Die Ideenzeichen und die Silbenzeichen fanden in der gleichen Schriftzeile eine gemeinsame Verwendung. Ein endgültiges Entziffern der kretischen Inschriften ist wohl aus diesem Grunde bis heute nicht gelungen. Da Sprachforschung nicht der Zweck unserer Betrachtung ist, begnügen wir uns mit der Zusammenstellung einer Anzahl markanter Zeichen. Dabei ist es auch hier sehr interessant, die Darstellungen von Mann und Frau einander gegenüberzustellen, und dies im Vergleich mit den Zeichen für Kleid und Harnisch. Verdeckte Beine unter einer Bekleidung war von Anfang an der bildhafte Ausdruck für Weiblichkeit. Beim Krieger ist die Rockform des Harnischs weggelassen, um die männliche Gestalt klar auszudrücken. Faszinierend sind ebenfalls die verschiedenartigen Darstellungen von Tiergattungen: Schwein, Kalb, Schaf sowie die Vielfalt der Aussage im Kriegswagenzeichen aus Knossos.

Zeichendeutung der Kriegswagen-Tafel von Knossos (Evans)

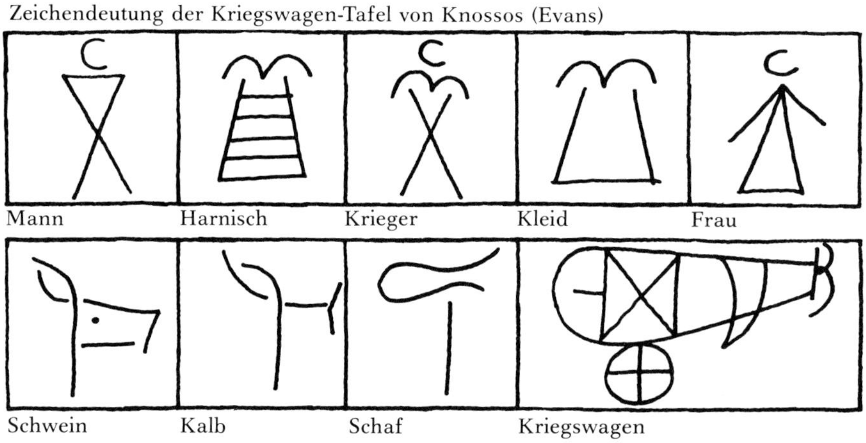

Die kretischen Schriftzeichen wirken deshalb so geheimnisvoll auf den Betrachter, weil ihre Form bildhaft-gegenständliche Aussagen andeutet, den uneingeweihten Leser über den erklärenden Schlüssel jedoch vollständig im Zweifel läßt. Wahrscheinlich sind die hier zusammengestellten abgeschliffenen Bilderzeichen schon größtenteils als Silbenschrift benutzt worden.

Über den Einfluß der kretischen Schriftkultur auf den gesamten Mittelmeerraum bestehen bis heute bei den Forschern unterschiedliche Meinungen.

Aus dem graphischen Reichtum der Schriftzeichen leuchtet jedenfalls für den Nichteingeweihten eine geistige Kraft heraus, die über die kulturelle Wertbeziehung Kretas im Zusammenhang mit der Welt des Festlandes nicht hinwegtäuscht.

Bilder-Silben-Schrift aus Kreta, 1500 v. Chr.

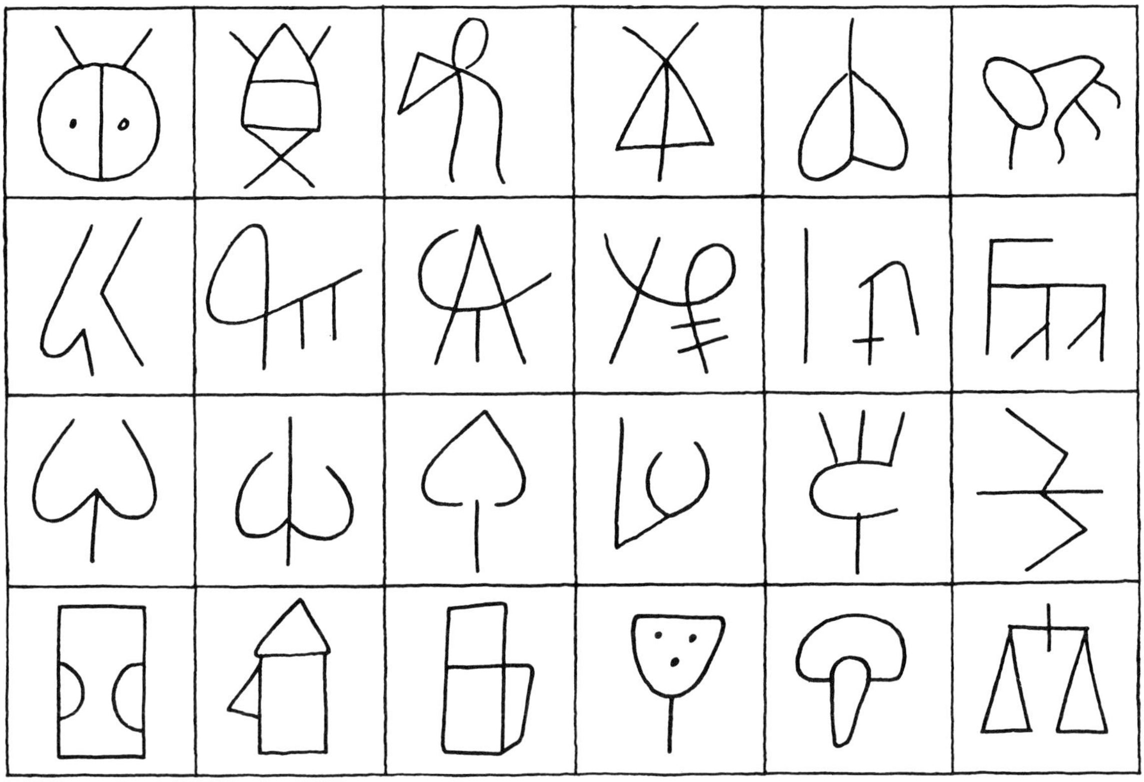

Der geheimnisvolle Bereich zwischen konkreter Abbildung und abstraktem Zeichen

4. Die hethitische Bilderschrift aus Syrien

Am östlichen Ufer des Mittelmeers, im Lande Syrien, lebte im 2. Jahrtausend v. Chr. das Volk der Hethiter. Die aus diesem Reich übermittelten Schriftdenkmäler bestehen aus sehr schönen, erhabenen, in Stein gehauenen und später linear in verschiedenen Materialien eingeritzten Schriftreihen.

Es wird vermutet, daß sowohl die ägyptischen Hieroglyphen als auch die mesopotamische Keilschrift der Nachbarn vom anderen Ufer des Euphrat die Schöpfung der hethitischen Bilderschrift angeregt und beeinflußt haben. Es wird auch eine Verwandtschaft mit der Bilderschrift Kretas angenommen. Beim Betrachten der sehr typischen Zeichen erkennt man jedoch auch den Zug einer autonomen Erfindungskraft.

Eine bildhafte Aussage der Zeichen ist in den meisten Fällen nicht mehr klar zu erkennen, da diese auch schon bei den ältesten Funden stark abstrahiert sind. Eigentümliche »unlesbare« Begriffszeichen sind beispielsweise die Piktogramme, die für Haus, Sonne, König, Land und Gott gedeutet wurden.

Hethitische Begriffszeichen, 1000 v. Chr. (Friedrich)

Haus Sonne König Land Gott

Die hethitischen Bilderzeichen wurden – wie alle bisher erwähnten Schriften – allmählich zur Fixierung von Silben und sogar Buchstaben umgewandelt. Die übliche Vereinfachung zur Schreibflüchtigkeit, aus der die eigentlichen Buchstabenzeichen entstanden, blieb bei der hethitischen Schrift aus. Ihr inschriftlicher Gebrauch erlischt etwa 700 v. Chr.

Hethitische Piktogramme als Silbenzeichen entziffert (Gelb)

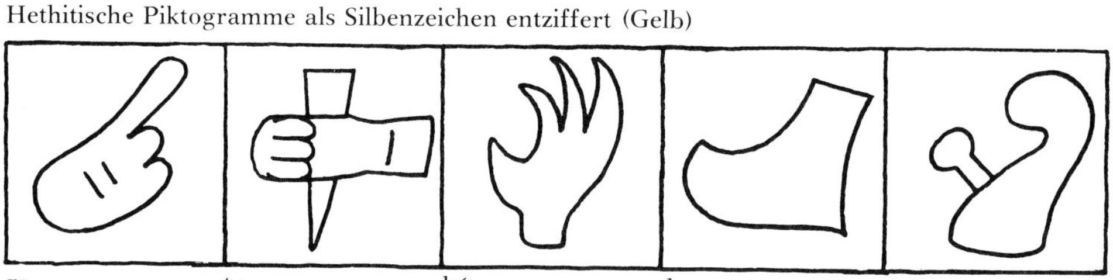

ga ta ká du rpa

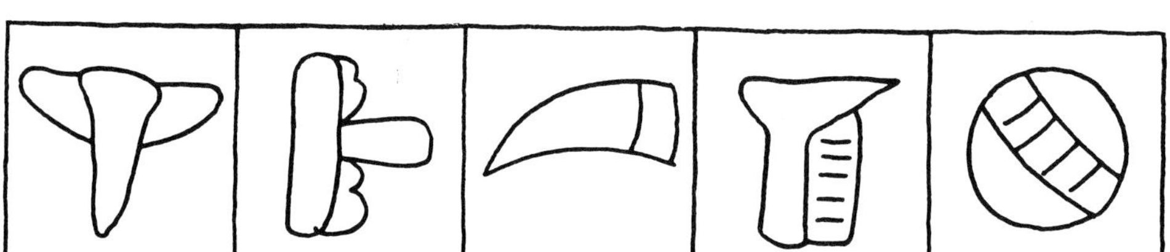

hu ka la ri ru

5. Die Bilderschrift aus dem Indus-Tal

Vor nicht allzulanger Zeit sind im nordwestlichen Indien, dem heutigen Pakistan, im Tal des Indus, Funde einer »proto-indischen« Kultur gemacht worden, die sich parallel zu den Zivilisationen Ägyptens und Babyloniens entwickelt hatte. Die ältesten Schriftdenkmäler aus dem 3. Jahrtausend v. Chr. sind in Form von steinernen und kupfernen Siegeln oder Stempeln zutage getreten. Die Bildzeichen selbst sind entweder erhaben herausgehauen, modelliert oder in Metallplatten getrieben. Die Vielfalt der verwendeten Materialien und Techniken hat sicher auch hier eine markante stilisierte Formgebung gefördert (wie dies z. B. auch bei der Keilschrift der Fall war).

Deutungsversuche der Indus-Bilderschrift (Meriggi)

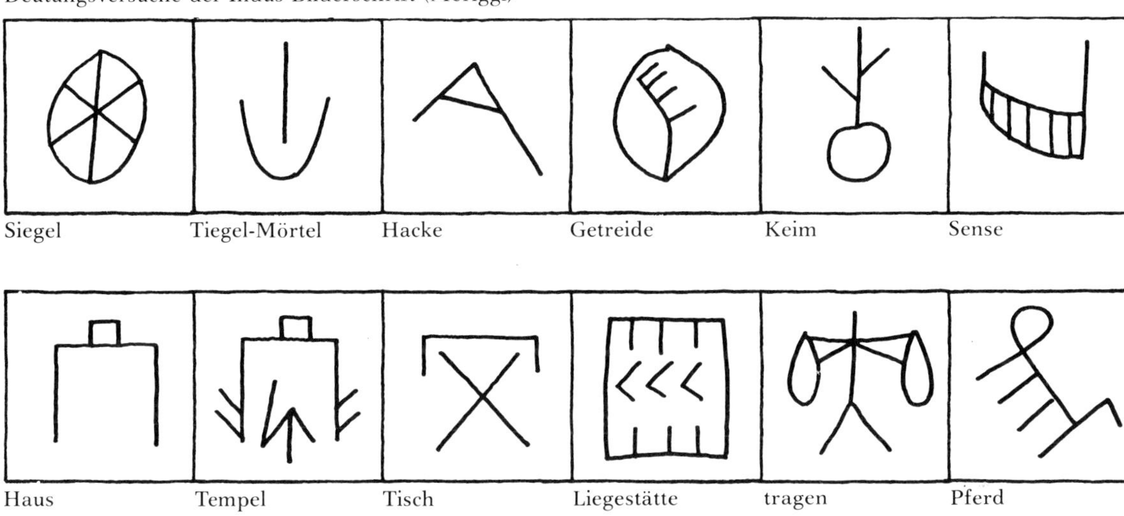

Bis heute ist es den Forschern nicht gelungen, diese Schrift zu entziffern. Ein wichtiger Grund dafür scheint zu sein, daß klare Anhaltspunkte für eine damals in diesem Gebiet gebrauchte Sprache fast gänzlich fehlen. Die Zahl der vorkommenden Zeichen von ungefähr 250 ist zu klein für ein Bilderschriftsystem; und daraus ist zu schließen, daß es sich bei der Indus-Schrift, wie übrigens auch bei der mesopotamischen Keilschrift, um einen gemischten Ausdruck von Wort- und Silbenzeichen handelt. Eine Verbindung zu den sich 2000 Jahre später entwickelnden indischen Schriften ist nicht erwiesen.

Das hohe Alter der Indus-Schrift und die Tatsache, daß verschiedentlich Spuren der Schrift durch Funde von Fragmenten in anderen Teilen des Mittleren Orients entdeckt

Der unrealistische Vergleich von Hevesy

Indus-Tal Osterinsel

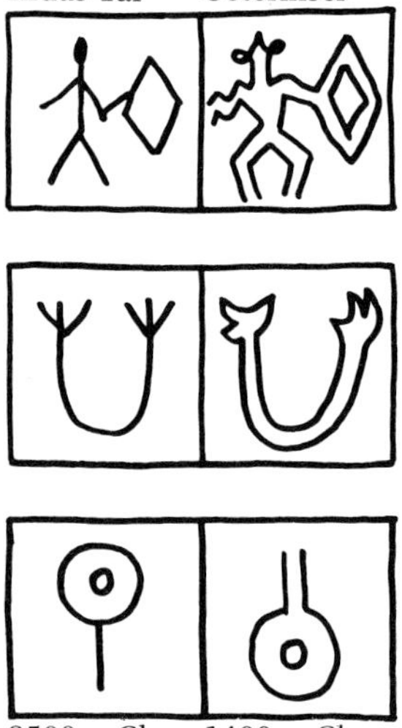

2500 v. Chr. 1400 n. Chr.

wurden, geben der Phantasie der Forscher Material zu vielerlei hypothetischen Schlüssen an die Hand, besonders für Beweise erster Völkerwanderungen oder sogar Übersiedlungen auf andere Erdteile und Inseln (also 2000 Jahre vor der indogermanischen Völkerwanderung). So entstand der verblüffende Vergleich zwischen der Indus-Schrift und der Bilderschrift der Osterinsel (etwa 1000 n. Chr.), der jedoch weder historisch noch geographisch begründbar ist, denn mehr als 3000 Jahre und der halbe Erdumfang liegen zwischen den Schriftstücken.

Was uns in diesem Vergleich vor allem vom rein graphischen Gesichtspunkt aus auffällt, ist die grundverschiedene Zeichengebung; die frühe Indus-Schrift ist in ihrer linearen Ausdrucksart schon auf dem Wege der Zeichenvereinfachung, während die viel spätere Osterinsel-Schrift eine eher primitivere, den ganzen Gegenstand noch umschreibende Linienführung aufweist.

6. Die Bilderschrift der Osterinsel

Wir benutzen die Gelegenheit dieses Vergleichs, um einen näheren Blick auf die Osterinsel-Schrift zu werfen, vor allem ihres graphischen Reizes wegen. In bezug auf die eigentliche Entwicklung des Begriffs »Schrift« bildet sie keine wichtige Stufe, da sie erst Jahrhunderte n. Chr. auftaucht. Man nimmt an, daß die Zeichen der »sprechenden Hölzer«, die zur Hauptsache allerlei Lebewesen, wie Menschen, Pinguine, Fische, auch Gegenstände wie Ruder, Waffen etc., darstellen, in erster Linie als Gedankenstützen bei Gesängen Verwendung fanden. Eine wissenschaftlich fundierte sprachliche Entzifferung ist jedenfalls bis heute nicht gelungen.

Interessant für uns ist es, eine weitere Bilderschrift kennenzulernen, in der wiederum der Gebrauch eines bestimmten Materials – das Holz – und eine bestimmte Schreibtechnik – das Einschneiden – zu einer originellen Formgebung der Zeichen führte. Das Langholz bietet beim Einschnitt in die Querrichtung zur Holzfaser nicht denselben Widerstand wie beim Einschnitt in die Längsrichtung. Dieser wechselnde Widerstand führte den Holzschneider zu einer Strichführung, die fast ausschließlich quer zur Faser liegt, weil so die Linienbewegungen freier auszuführen sind als in der Faserrichtung. Horizontale, aber auch eigentliche Kreisformen sind dadurch nahezu ausgeschlossen. Viele Zeichen sind deshalb an den doppelten Strich-Enden offengelassen.

Zeichenschnitt in Langholz

Menschliche Figuren haben deswegen keine Füße, verstümmelte Hände, und die Köpfe sind meistens schrägeckig.

Ein stark strukturiertes Material zwingt die Hand zur Vereinheitlichung der einzelnen Figuren. Die Schönheit eines Schriftdokuments ist unter anderem in der Gleichwertigkeit der aneinandergereihten Bilder zu suchen, die wie in einem Gewebe geheimnisvoll zu einem Ganzen zusammenwachsen. Bei der Osterinsel-Schrift ist dabei im besonderen zu beachten, wie auch die Abstände zwischen den Zeichen und den Zeilen sehr harmonisch mit den Innenformen im Einklang stehen.

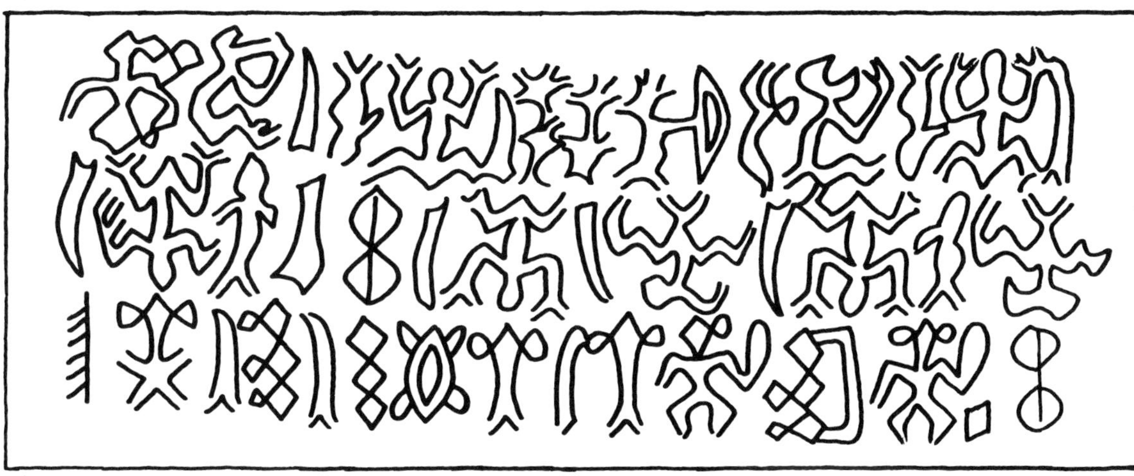

Die »sprechenden Hölzer« der Osterinsel

Diese Beobachtung kann ebenfalls als ein Hinweis dafür gelten, daß den Tafeln eher ein kontemplativer Gebrauch zukam: sie mußten deshalb nicht unbedingt lesbar sein, jedoch schön wirken. Die eigenartige Schreibweise, bei der jede zweite Zeile auf dem Kopf steht und so beim Lesen ein fortwährendes Drehen erforderte, weist ebenfalls daraufhin, daß der sich ständig drehende Ablese-Prozeß vielmehr als rituelle Betätigung zu werten ist.

7. Die Runenschrift

Ohne eigentliche historische oder geographische Begründung möchten wir im Verlauf unserer Betrachtung der Bilderschriften an dieser Stelle die Runenschriften erwähnen. Dies aus eher schreibtechnischen Überlegungen im Zusammenhang mit der Schreibart der Bilderschrift der Osterinsel.

Die Runenschrift, die sich in kälteren Regionen des bewaldeten nördlichen Europas seit schwer bestimmbaren Zeiten im 1. Jahrtausend v. Chr. entwickelte, wurde ebenfalls sehr wesentlich vom verwendeten Grundmaterial, dem Holz, geformt. Die den Zerfall überdauernden Schriftdenkmäler sind in Stein gehauene Inschriften; die Form der Zeichen läßt keinen Zweifel über die ursprüngliche Verwendung von Holzplatten. Die Schrift besteht zur Hauptsache aus quer zur Faser geschnittenen Vertikal- und Schrägstrichen. Neben dem schon beschriebenen Phänomen des Wechsel-Widerstandes beim Schneiden in der einen oder anderen Richtung kommt in diesem feuchten Klima noch hinzu, daß beim Naßwerden des Holzes die Fasern quillen und längsläufig geschnittene Linien sich leicht wieder schließen, d.h. unleserlich werden.

Es ist nicht mit Bestimmtheit festzustellen, ob der späteren runischen Silben- und Buchstabenschrift eine eigentliche nördliche Ur-Bilderschrift zugrunde liegt. Daß vor dem Eindringen der lateinischen Schriftformen (im 1. und 2. Jahrhundert n. Chr.) eine Runenschrift schon bestand, bezeugen die überlieferten Runensteine. Es wird jedoch angenommen, daß die Ur-Zeichen anfänglich nicht eine direkte Sprachfixierung besaßen, sondern eher Geheimzeichen zur Weissagung, zu kultischen Zwecken, zur Zauberei waren. Diese Tatsache würde die von jeher bekannte starke Abstrahierung der Zeichen deuten, die daher willentlich rätselhaft gehalten wurden.

Etymologische Vergleiche haben die Namen einiger Runenzeichen nachgewiesen. Beim Betrachten des altgermanischen Runen-Alphabetes ist zu erkennen, daß diese Namen

Runenschrift und deren bildhafte Namen (Jensen)

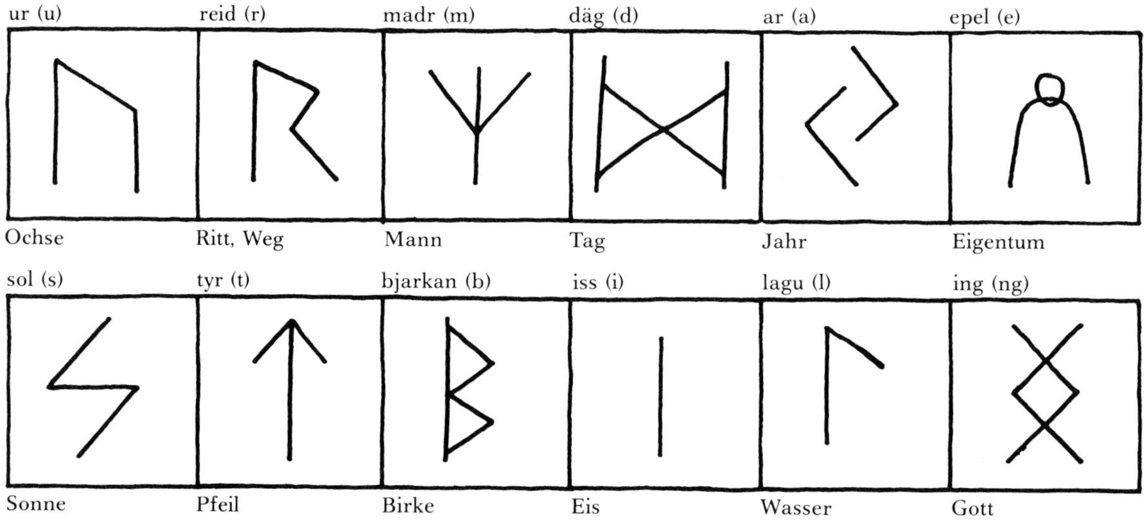

auf ein ursprüngliches bildhaftes Schriftsystem hinweisen, das in einzelnen Zeichen noch zu erkennen ist (Ochse, Mann, Pfeil etc.).

Die mysteriösen Zweig-Runen des hohen Nordens sind Verschlüsselungs-Systeme für geheime Texte. Schon früh wurden die Runen im Sinne eines Alphabetes in Reihen festgehalten. Die Zweig-Runen bezeichneten durch die Anzahl ihrer Zweige die Stelle des Buchstabens in der entsprechenden Reihe an.

Das erste Zeichen unseres Beispiels meint: der 4. Buchstabe (rechts) in der 3. Alphabetreihe (links), etc.

Die Runenzeichen weisen, bedingt durch die klimatischen Verhältnisse, eine verblüffende Einfachheit auf und konnten eigentlich nur von einem streng ökonomischen Geist erfunden werden.

Zweigrunen, eine Geheimschrift

8. Der chinesische Schriftenkreis

a Die Weisheit des Yi-King

yang – yin

Die in den Runenzeichen vorhandene formale Zurückhaltung führt uns zu einem Vergleich mit einer anderen intellektuellen Formreduktion, die wir hier gerne als Einstieg in das Reich der chinesischen Schriftwelt anführen möchten. Es handelt sich um die Weisheit des Yi-King, deren Ursprung im Dunkel des 3. Jahrtausends v. Chr. liegt. Es soll der Kaiser Fou-Hsi gewesen sein, der um 2800 v. Chr. die mündlich überlieferte Weisheit mit einem Zeichensystem fixierte. Dabei handelte es sich um die Philosophie der Begriffe »yang« (männliches Prinzip) und »yin« (weibliches Prinzip), die wir schon im Kapitel über den Dualismus in dem sehr schönen Zeichen der sich zu einem Kreis vereinigenden komplementären Fischblasenformen in Weiß und Schwarz betrachtet haben. Der Weisheit Yi-King lag wahrscheinlich das Schafgarbenspiel zugrunde, ein Spiel mit ganzen und gebrochenen Stäbchen, das wohl von Zauberern und Priestern zu Gebets- und Orakelzwecken benutzt wurde. Die Abbildung der Stäb-

Schafgarbenspiel

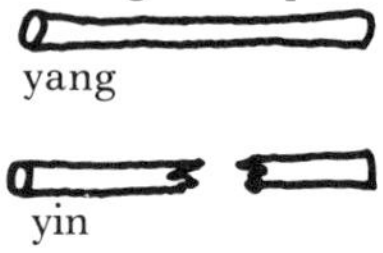

chen erfolgte in der Yi-King-Schrift einerseits durch eine ganze Linie für »yang«, andererseits durch eine unterbrochene Linie für »yin«. Aus diesen beiden Grundelementen wurden die eigentlichen Zeichen zusammengestellt, und zwar in der ersten Reihe zu acht Trigrammen oder Elementarzeichen. In diesen acht Hauptzeichen sind die Grundelemente der Welt auf eine fast »figürliche« Art dargestellt. Sie unterstreichen die dualistischen Begriffe »yang« und »yin« wie folgt:

1

1 Dreimal »yang« bedeutet: *Himmel,* auch Vater, Kopf, Härte.

2

2 Dreimal »yin« bedeutet: *Erde,* auch Mutter, Kleid, Zärtlichkeit.

3

3 »Yin« außen mit »yang« innen bedeutet: *Wasser.* Man findet die Darstellung des aktiven Elements, des Flusses, zwischen den ruhenden Ufern des Festlandes fließend.

4

4 »Yang« außen mit »yin« innen bedeutet: *Feuer.* In diesem Zeichen steht der Himmel über und unter der Erde. Der Blitz kehrt vom Himmel auf die Erde zurück.

5

5 Einmal Himmel über zweimal Erde ist eine fast zeichnerische Wiedergabe für den Begriff von *Gebirge.*

6

6 Zweimal Himmel über der Erde bedeutet: *Wind,* der auch die Stimme des Himmels ist. Das gleiche Zeichen bedeutet ebenso *Wald,* weil darin der Wind hörbar ist.

7

7 Oben Erde, unten zweimal Himmel bedeutet: *See.* Mit einem gewissen Vorstellungsvermögen ist die Spiegelung des Himmels im Wasser sichtbar.

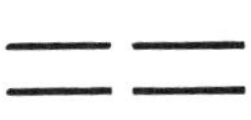
8

8 Zweimal Erde über dem Himmel bedeutet: *Donner.* Die Kräfteverhältnisse sind vertauscht, und es kommt zur Spannungs-Auslösung.

Mit Hilfe dieser 8 Grundzeichen (Trigramme) wird die gesamte Weisheit des Yi-King ausgedrückt, indem diese Dreigliederzeichen zu Sechsgliederzeichen (Hexagrammen) gekuppelt werden. So entstehen die 64 Weisheitszeichen (siehe Tafel), von denen wir einige in etwas vereinfachter Art zu erläutern versuchen.

Die 64 Hexagramme der Weisheit des Yi-King (Sinngebung frei nach Wilhelm)

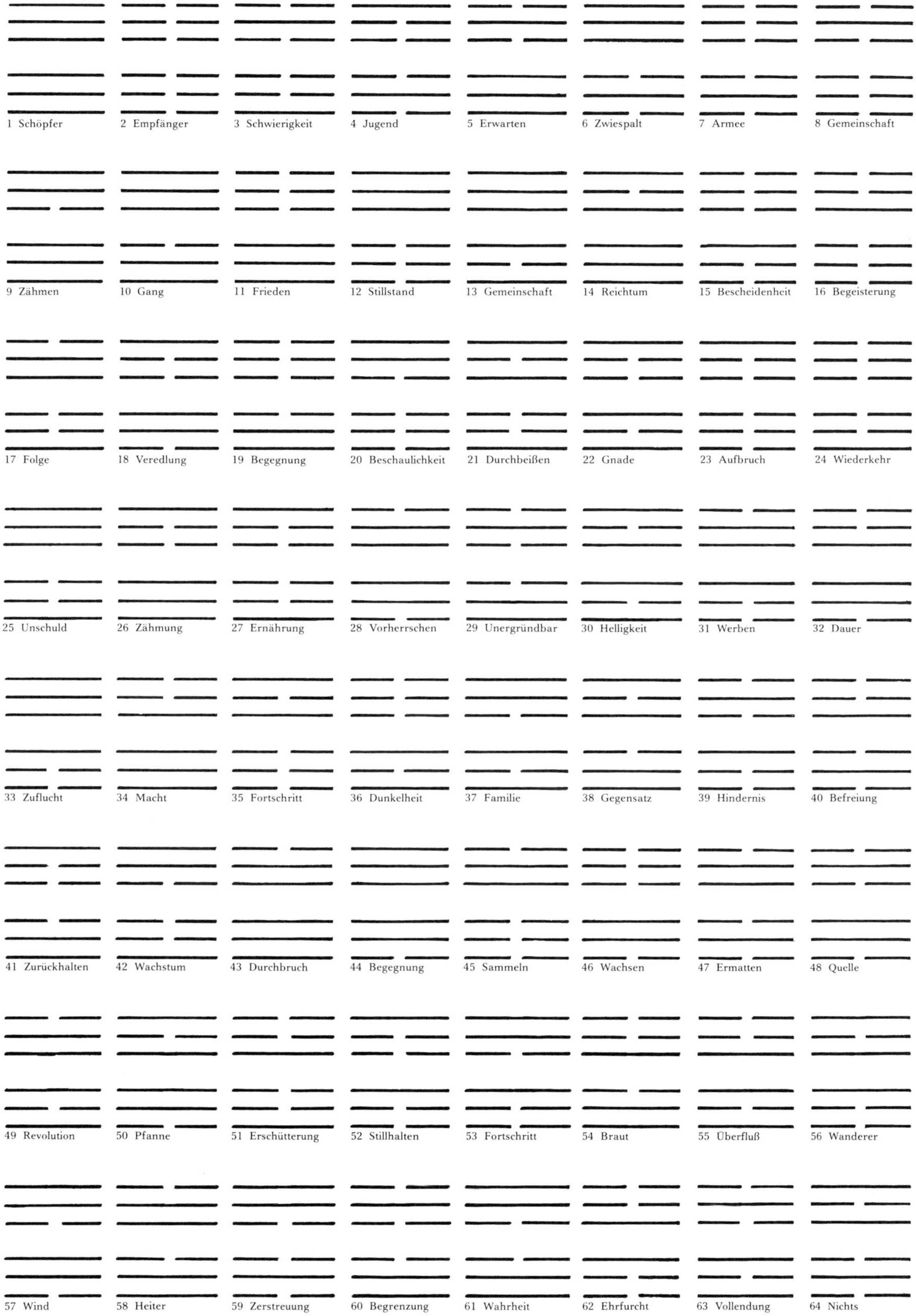

11 12

34 48

11 Die Erde ist vom Himmel getragen. Der Schöpfer hat die Erde durchdrungen. Das Zeichen bedeutet Frieden.

12 Der Himmel ist vollkommen von der Erde getrennt, es besteht keine Verbindung zwischen oben und unten. Das Zeichen bedeutet Entfernung, Stillstand, Fäulnis.

34 Das über dem Himmel stehende Trigramm Donner sagt etwas über Schöpfungskraft, Macht und Größe aus.

48 Das Trigramm Wasser oben mit demjenigen für Wald unten bedeutet Quelle (das Wasser, das vom Himmel fällt, quillt wieder hervor).

In der Tafel sind alle Zeichen der Weisheit Yi-King zusammengestellt. Eine genaue Beschreibung im einzelnen würde hier zu weit führen, obwohl wir meinen, daß eine intensive Betrachtung dieses Gedankengutes nicht nur eine hervorragende Lehre des Denkens überhaupt, sondern auch eine vorzügliche Abstrahierung des Ausdrucks darstellt.

b Die chinesische Bilderschrift

Ob bei der Entstehung der archaischen Bilderschrift Chinas die Zeichen des Yi-King Pate gestanden haben, ist nur dem Gefühl nach beweisbar. So kann etwa das prähistorische

Yi-King

Archaisch

Frühe Schreibform

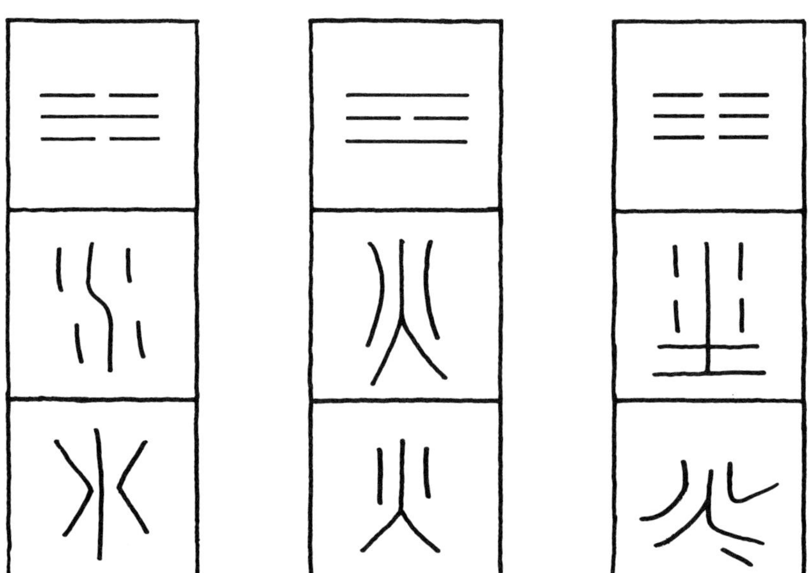

Wasser Feuer Erde

Zeichen für Wasser sehr gut mit demjenigen des Yi-King verglichen werden. Könnten nicht auch in den Bildzeichen Feuer und Erde Spuren des Yin- und des Yang-Zeichens erkannt werden?

Es ist jedenfalls sehr deutlich, daß die chinesische Schrift auf sehr früh schon bestehende symbolische Ausdrücke und Gegenstände zurückgreift. So wurde zum Beispiel einem Verbannten als Zeichen der Aussöhnung und der Rückkehr ein Ring zugesandt. Das alte runde Ringzeichen wurde durch die Führung des Schreibpinsels zum Viereck gebildet und bedeutet heute noch »Wiederkehr«. Dieses Beispiel trägt die Erklärung in sich, weshalb in der chinesischen Pinselschrift ursprüngliche Kreis- und Bogenformen in kurze, geradlinige Fragmente zerteilt wurden. Mit dem Pinsel können keine Stoßbewegungen vorgenommen werden: die Pinselhaare werden gezogen, Richtungswechsel ohne Absatz sind nicht leicht auszuführen. Die Hand hebt sich für das viereckige Ringzeichen vier- bzw. achtmal; dabei ist zu beachten, daß die Schweißstellen nicht immer genau geschlossen werden und die Wortbilder schon immer sehr zeichenhaft wirkten.

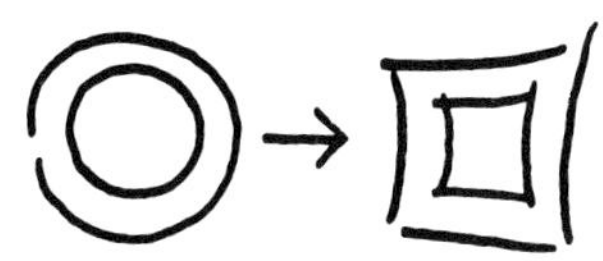
Ring der Versöhnung

Durch eine starke Sprach-Zersplitterung in viele Dialekte spielte bei den Chinesen die Gebärdensprache zur besseren Verständigung sicher eine gewichtige Rolle. In der Sprachführung kommt diese Tatsache klar zum Vorschein. Als Beispiel dafür können die drei Zeichen angeführt werden, bei denen man verschiedene Stellungen der Hände zur Erklärung der Aussage gebraucht. Im ersten Fall sind es voneinander abgekehrte Hände, die den Begriff »verkehrt« andeuten, im zweiten Fall sind es ausgestreckte, willkommen heißende Hände, die »Freundschaft« bedeuten, während sich im dritten Zeichen zwei Hände über dem Kopf zum untertänigen Gruß schließen und »Fürst« bedeuten. In dem einleitenden Kapitel finden sich bereits einige Beispiele für typische Eigenschaften des Bilderschriftensystems aus dem chinesischen Bereich. Die Grundregeln der chinesischen Sprachfixierung sind für den westlich denkenden Menschen faszinierend exotisch, aber auch anziehend. Es ist uns jedoch an dieser Stelle nicht möglich, näher darauf einzugehen, und wir müssen uns damit begnügen, auf einer Tafel einige markante Zeichen der chinesischen Bilderschrift in ihrer Urform zusammenzustellen.

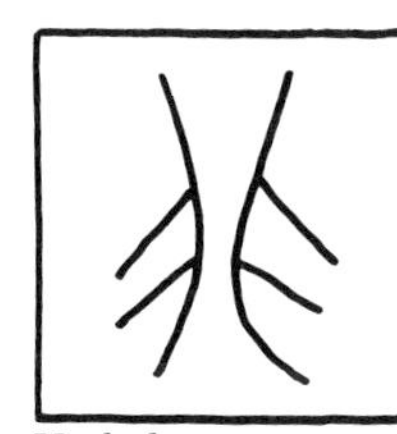
Verkehrt

Freundschaft

Fürst

Die heutige chinesische Schrift zählt Zehntausende von Zeichen, und die Entwicklung von neuen Zeichenkombinationen ist noch nicht abgeschlossen. An diesem Reichtum sind wohl die Eigenschaften der sehr stark ausgeprägten

Archaische Figuren der chinesischen Bilderschrift

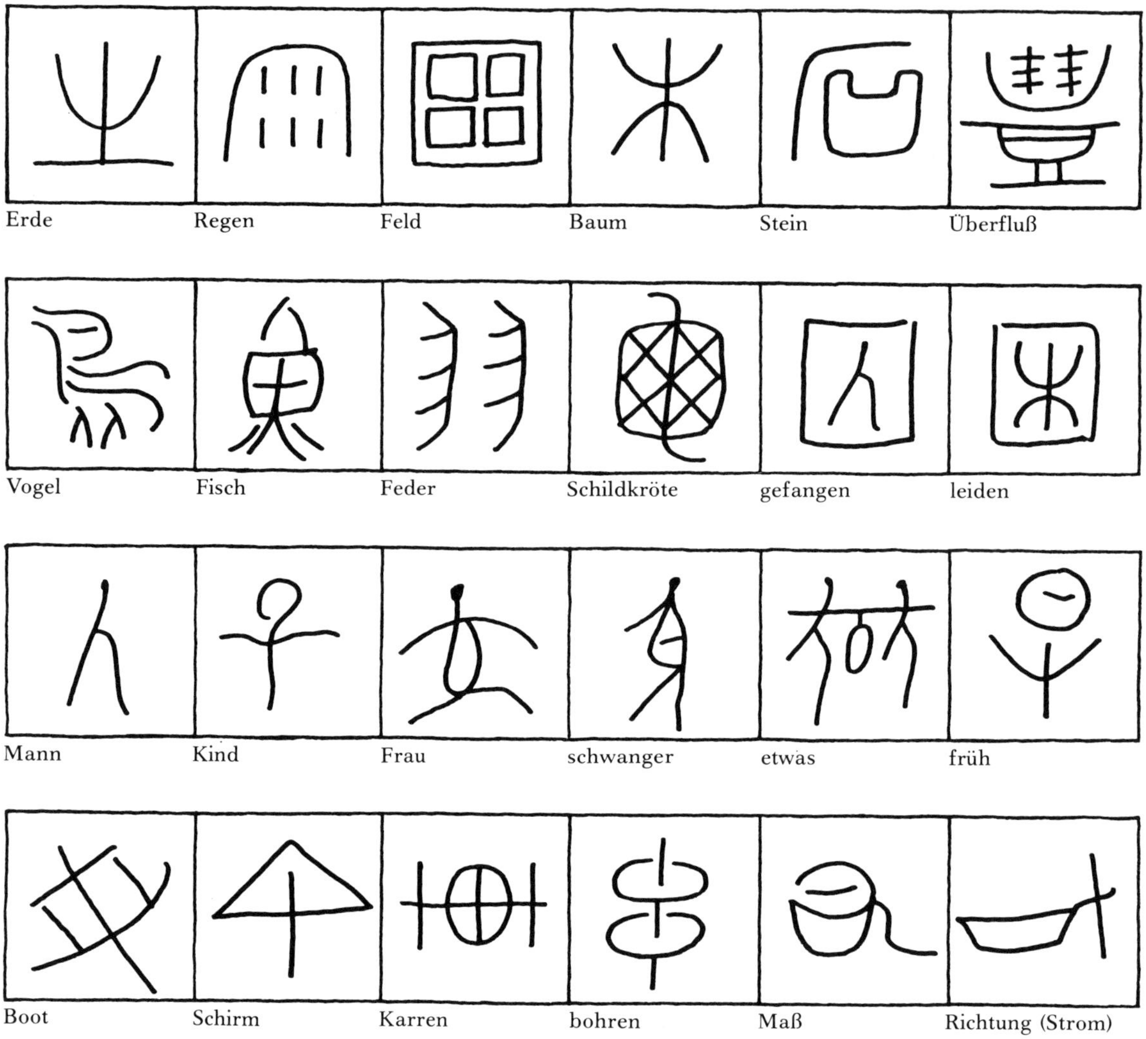

Einsilbigkeit der Sprache schuld. So bedeutet etwa die Silbe »fu«: senden, reich, Vater, Weib, Haut u.a.m. Jeder dieser Begriffe muß mit einem anderen Zeichen zusammen ausgedrückt werden, um vom Leser unterschieden und verstanden werden zu können. Dies ist einer der Gründe, warum die chinesische Schrift sich nie zu einer einfachen Silben- oder Buchstabenschrift herausbilden konnte. Sie hat jedoch dadurch den Vorteil behalten, über Provinzen und Landesgrenzen hinaus (Korea, Japan) als Bilderschrift von der gesamten, weitausgedehnten vielsprachigen Bevölkerung Ostasiens gelesen werden zu können.

c Die chinesische Schrift und die Architektur

Ein letzter Gedanke über die formalen Zusammenhänge zwischen architektonischem und kalligraphischem Ausdruck sei hier angehängt. Die typische Biegung von Schräg- und Querbalken in östlicher Bauart hängt mit der Elastizität der verhältnismäßig schwer beladenen Bambusstämme der Dachsparren und Firste zusammen. Das Bild der gebogenen Linie wird zum Hauptteil des bebauten Umgebungsbildes. Die Schrift hat in gewissem Sinne diesen Ausdruck nachvollzogen, indem alle seitlichen Schrägbewegungen (und es hat solche in der größten Anzahl der Zeichen), sich nach unten erweiternd, eine Bogenlinie beschreiben. Der um 200 v. Chr. erfundene Pinsel ist wohl zum Teil mit an dieser Wesensart schuld, doch sind die Richtungen der Biegungen nicht immer absolut »handgerecht«. Wir neigen deshalb dazu, wie etwa im Vergleich zwischen gotischer Schrift und Kathedralbau, auch hier im fernöstlichen Schriftenkreis an eine gewisse Verwandtschaft zwischen Baustil und Kalligraphie als Ausdruck des Geistes zu glauben.

Schrift

Architektur aus Bambus

9. Die Schriften Amerikas vor Kolumbus

Die bis heute bekannten Überlieferungen von Schriftkulturen der »Neuen Welt« sind im Vergleich zu denjenigen des »alten Europa« spärlich und um 4000 Jahre jünger.

Von den Inkas sind nur Vorstufen zur Schriftfixierung in Form von sogenannten Knotenschriften bekannt, während von den Azteken und von den Mayas aus der Gegend des heutigen Mexiko faszinierende Schrift-Überlieferungen erhalten sind.

Die autonome Kultur Zentralamerikas wurde im 16. Jahrhundert durch den Einbruch der spanischen Kolonisten in ihrem Entwicklungsgang jäh und unmenschlich unterbrochen. Die Schrift befand sich während dieser Zeit auf halbem Wege zwischen Bilder- und Lautschrift.

Zwischen den europäischen und amerikanischen Konzeptionen ist eine weite Spannung der Sprachfixierung festzustellen, die der weiten Entfernung beider Kontinente entspricht. Die Entzifferung ist aus diesem Grunde um vieles erschwert, da praktisch keine Vergleichsmöglichkeiten bestehen. Das einzige, was heute mit Sicherheit analysiert werden konnte, sind die Zeichen für Zahlenbegriffe in astrologischen Kalender-Manuskripten und in Stein gehauene Monumental-Beschriftungen der mysteriösen Baudenkmäler der Mayas. Im Vergleich der beiden zeitlich und geographisch sich relativ naheliegenden Kulturen (Azteken, Mayas) fällt besonders auf, wie groß der Unterschied zwischen den Schriften in der Zeichengebung ist. So finden wir in der

Phantastische Ab-Bildungen

Azteken-Zeichen für Monatsnamen

Abgerundete Ideen-Zeichen

Maya-Zeichen für Tagesnamen

Schreibart der Monatsnamen der Azteken figürliche Darstellungen von Gegenständen mit phantastischen Lebewesen, während die 18 Monatszeichen der Mayas eine sehr starke Abstraktion enthalten, die allein schon daraus ersichtlich ist, daß sich alle Zeichenbegriffe stets innerhalb einer kreisförmigen Umgrenzung bewegen.

a Die Bilderschrift der Azteken

Die Azteken benutzten also Gegenstandszeichnungen, die entweder als Wortbilder verwendet oder zu rebus-artigen Kombinationen zusammengestellt wurden. Solche Begriffe wie Haus, Netz, Habicht sind von unserer Kultur aus noch leicht erkennbar. Jedoch die ungewöhnlichen Zeichen für Wasser, Stein, Gefäß erfordern schon eine Erklärung, ebenfalls die Ideogramme für Tod, Witwe, Atem.

Rebus

Der Rebus für den Begriff »Tempelleute« hingegen setzt die Kenntnis der einheimischen Sprache voraus. Das Wort heißt »teocaltitlan« und ist aus folgenden anderen Wörtern zusammengesetzt: links unten Lippen »te«, rechts daneben Weg »o« (Fußspuren), darüber Haus »cal« und daneben Zähne »tlan«.

Bilderschrift der Azteken, 1100 n. Chr. (Seler)

b Die Bilderschrift der Mayas

Die Sprachfixierung in der Mayakultur ist wahrscheinlich in ähnlicher Art und Weise aufgebaut, obwohl die stark abstrahierten Zeichen die Meinungsverschiedenheiten der Forscher begünstigen, indem eine nicht-figürliche Darstellung zu vielseitigeren Interpretationen Anlaß gibt. Einige einfache Wortbilder sollen hier als Beispiel genügen.

Beim Betrachten der erhabenen, in Stein gemeißelten Inschriften ist man erstaunt über die Vorstellungskraft und die Zusammenstellung der Bildgruppierungen, über deren Inhalt die Forscher heute mehr denn je eifrig bemüht sind, nach Klarheit zu suchen. Unsere letzte Abbildung stellt die Einzelgruppierung einer Kalenderinschrift aus Copan dar. In ihr erkennt man rechts unten das schon oben skizzierte Zeichen eines Tages. Interpretationen verschiedenster Richtungen versuchen immer wieder die Sinnzusammenhänge der einzelnen Elemente einer Zeichengruppe zu deuten. So besteht einerseits die Theorie einer Silbenschrift, in der die Zeichen ihren bildhaften Sinn vollständig verloren hätten, andererseits sind Untersuchungen im Gange, die sich auf eine kom-

Wo bleibt des
Rätsels Lösung?

plexere Strukturierung dieser geheimnisvollen Schriftkultur einstellt, in der Bilder, Ideen sowie Laute gemischt vorhanden sein könnten.

Ob jemals diese mysteriösen Zeugnisse einer von der westlichen Invasion her verdrängten Kultur einer anderen Welt ihre Geheimnisse preisgeben, bleibt abzuwarten. Mit dieser Fragestellung über alles noch Offenstehende in der Schriften-Deutung möchten wir das Kapitel von den überlieferten Bilderschriften beschließen.

Einfache Wortbilder der Maya-Schrift, 1000 n. Chr. (Beyer)

Feuer Tod Nacht Mais Stein

IV Die Alphabete der Welt

1. Die geniale Erfindung des Buchstabens und ihre Ausstrahlung

Am Ende des zweiten Jahrtausends lebte am östlichen Ufer des Mittelmeeres ein kleines Volk von Kaufleuten: die Phönizier. Zu Land und zu Wasser stand es in regem Verkehr mit den meisten Ländern des Mittelmeerraumes. Zu jener Zeit bestand in all diesen Gegenden eine große Anzahl von Schriftsystemen, mit denen die verschiedensten Sprachen und Dialekte schriftlich festgehalten wurden.

Die Handelstätigkeit zwang die Phönizier zu ausgedehnteren Sprach- und Schriftkenntnissen. Deshalb ist es nicht verwunderlich, daß sich in diesem Land, zu dieser Zeit, eine gewisse Vereinheitlichung, sozusagen eine Synthese der Schriften herausgebildet hat. Dabei bestand die an sich geniale Neuerung darin, daß die Konsonanten zum erstenmal nicht in Silben verschmolzen (ba, di, gu etc.), sondern als kleinste lautliche Einheiten (b, d, g etc.) fixiert wurden. So sind um die Jahrtausendwende die phönizischen Konsonantenzeichen entstanden, die heute allgemein als Ausgangsbasis aller alphabetischen Schriften betrachtet und anerkannt werden.

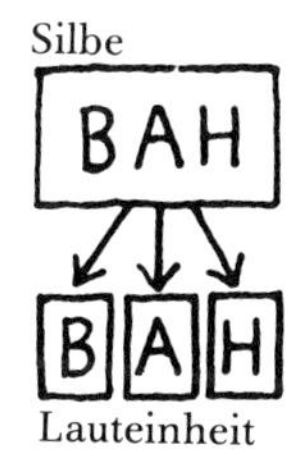

In einer Zusammenstellung auf einer Entwicklungs-Tafel versuchen wir, anhand des ersten Buchstabens unseres Alphabets diese graphische Metamorphose zu verfolgen: im

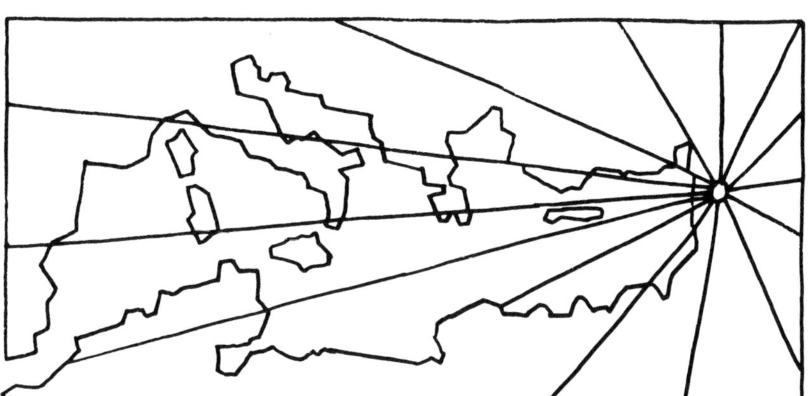

Die phönizische Ausstrahlung auf den Mittelmeerraum

Mittelpunkt der Tafel befindet sich, wie in einem Schmelztiegel, das phönizische Zeichen »Aleph«, dessen Herkunft sich (wie schon im vorhergehenden Kapitel erwähnt) aus den Bilder- und Ideenzeichen Ägyptens, Sumers, Kretas und wohl noch anderen herauskristallisiert hat (oberer Teil der Tafel). Es ist klar, daß in der davorliegenden Zeitspanne von fast 2000 Jahren (von 3000 v. Chr. bis 1000 v. Chr.) viele Zwischenglieder ausgelassen sind, zumeist deshalb, weil bemerkenswerte Entwicklungsstufen überhaupt noch nicht entdeckt sind. Der gesamte Zusammenhang kann jedoch kaum in Zweifel gestellt werden, da er in so augenscheinlicher Weise hervortritt.

Das phönizische Alphabet erlangte in relativ kurzer Zeit eine gewisse Perfektion der Formgebung und der Reduktion auf die 22 ausgewählten Lautzeichen. Es ist deshalb nicht erstaunlich, daß dieses Schreibsystem verhältnismäßig schnell fast alle anderen Systeme verdrängte. So wurde das Alphabet unter den Aramäern im Verlaufe des 1. Jahrtausends v.Chr. zum internationalen Verständigungsmittel für den ganzen Vorderen Orient. Es breitete sich bis nach Nordafrika, Kleinasien, ja sogar bis nach Indien hin aus.

Aus allen geschichtlichen Abwicklungen sind diese Streuungsprozesse bekannt. Da zu diesen Zeiten enge, formbindende Kommunikationen zwischen den Ländern fehlten, entwickelten sich aus dieser Isolierung neue, individuelle Formen nationalen Charakters. So trennten sich im frühen 1. Jahrtausend v.Chr. die bis in unsere Zeit lebendig gebliebenen Hauptzweige der semitisch-arabischen, der indischen und der abendländischen Schriften ab, aus welchen sich die heute gebräuchlichen Alphabete der Welt formten (siehe unterste Hälfte der Tafel).

Die semitische Sprachfixierung hat das phönizische Prinzip der Konsonantenzeichen beibehalten, und so schreiben heute noch Hebräer und Araber nur Konsonanten, welche von Fall zu Fall von Akzentzeichen zur Vokalisierung begleitet werden (mittlere Reihe der Tafel).

Vokalisierte Schriften

Hebräisch
Arabisch

Der indische und indonesische Sprachkreis, trotz einer wahrscheinlichen Abstammung der Schriftzeichen aus dem Phönizischen, ist bei einem komplizierteren Silbenprinzip geblieben, was zu erläutern hier zu weit führen würde.

In der westlichen Schriftentwicklung (linke Reihe der Tafel) ist ein anderer wesentlicher Faktor eingetreten: die Hellenen empfanden das Bedürfnis, die unpräzise Vokalfixierung der Phönizier (genügend für die semitischen Sprachen) zur Wiedergabe der modulierteren altgriechischen Sprache

Die Entwicklung des Lautzeichens A in einer graphischen Zusammenfassung

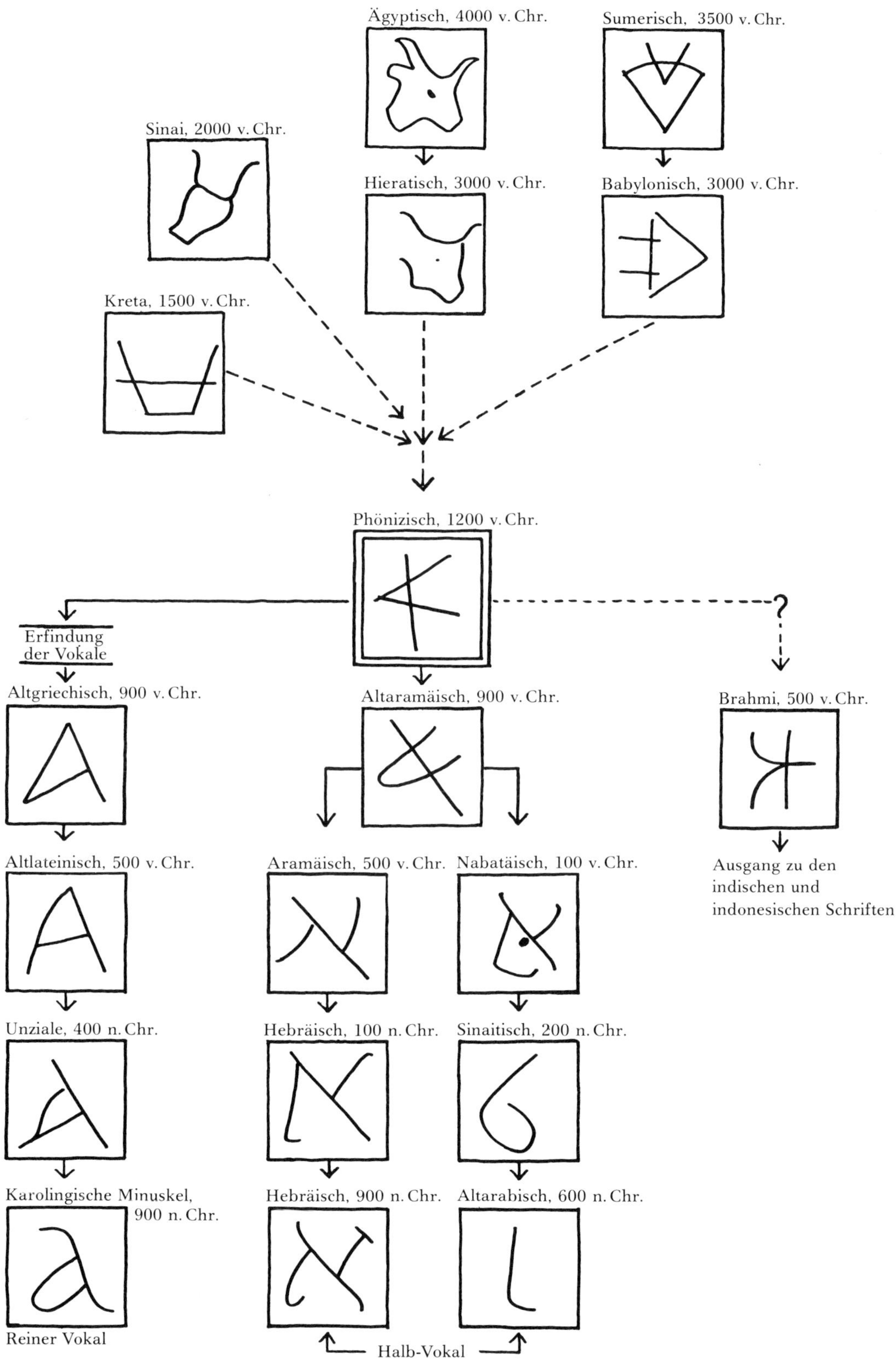

zu erweitern. So nimmt man an, daß aus den Hauchlauten »ha« und »he« das A und das E, aus dem Zischlaut »j« das I, aus dem für unsere Zunge zu komplizierten »ajin« das O und aus dem »W«-Laut das U abgeleitet wurde.

Diese Erfindung der Vokalzeichen ist wohl als eine der wichtigsten Entwicklungsstufen der Sprachfixierung überhaupt zu werten; sie hat den Weg geöffnet, die lateinische Schrift zum völkerverbindenden Kommunikationsmittel erhoben.

Die Zeichnung der Entwicklungs-Tafel wurde wissentlich in einer einheitlich neutralen Strichführung ausgeführt, um den rein gestikulierenden Zusammenhängen besseren Ausdruck zu verleihen. Es ist jedoch zu betonen, daß die einzelnen Schriftzeichen vom Wesen der Schreibinstrumente und der gebräuchlichen Schreibunterlagen formal wesentlich beeinflußt wurden.

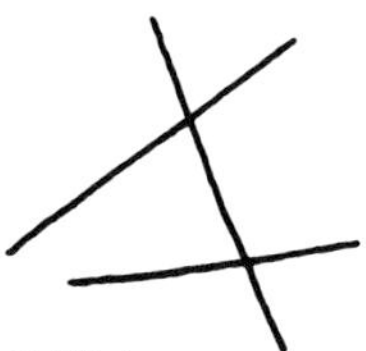

Griffel

So spürt man im Phönizischen, wie auch im Griechischen und Altlateinischen, das Monumentale heraus, während in den späteren Formen das Flüchtige der schreibenden Hand mehr und mehr formbestimmend wird. Dabei ist zu erwähnen, daß in den primitiven Zeichen noch der Griffel zu spüren ist, während im Hebräischen sowie in den lateinischen Schriften die Breitfeder klare, neue Formgebungen hervorruft. (In der hebräischen Zeichenform sind eigentliche Kreisbewegungen nicht vorhanden. Es kann die Frage gestellt werden, inwiefern hier die Wesensart der Keilschrift weiterlebt, deren Zeichenbildung ja nur aus den geraden Fragmenten zusammengesetzt ist.)

Breitfeder

In der arabischen Sprache erscheint in den Formen ein kreisend geschlossenes Element, das auf den frühen Gebrauch eines Pinsels zurückgeführt werden kann.

Pinsel

2. Die Schriftengruppen der Welt, ein Überblick

Um einen klaren Überblick über die Schriften der Welt zu erlangen, versuchen wir, auf einer geographischen Karte in großen Zügen die heute noch gebräuchlichen Grundalphabete einzuzeichnen. Dabei ist von jedem Schriftenkreis nur das Charakteristischste angeführt, sonst müßten allein für Indien 15 verschiedene heute noch benützte Alphabete gezeigt werden.

Die Schrift war von jeher einer der wichtigsten Kulturträger. Mehr als Wirtschaft, Recht und Wissenschaften waren die Religionen die Hauptbenützer der Schriften, und oft monopolisierten sie die Kunst des Schreibens als einen heiligen Akt. Deshalb kann in großen Zügen zu jeder angeführten Schriftkultur eine entsprechende Religion gesetzt werden, deren Träger sie war und zum Teil noch ist.

Im geographischen Zentrum, an der Geburtsstelle der Alphabete, steht heute die Quadrat-Hebräisch, die sich in respektvollstem Verhalten der jüdischen Tradition gegenüber seit nahezu 3000 Jahren (!) kaum verändert hat.

Gegen den Nordwesten hin finden sich die griechischen und lateinischen Kulturen, aus denen das Christentum hervorging, mit den Verzweigungen nach der östlichen Orthodoxie (kyrillische Schriften) und vor allem den mehr als die halbe Welt umspannenden katholisch-reformierten Glaubensrichtungen, die die Schrift, von der römischen Kapitalis ausgehend, bis hin zur Minuskel der Renaissance geformt haben.

Gegen den Süden und den nahen Osten hin war es der mohammedanische Glaube des Islam, der den arabischen Schriftausdruck über Nordafrika und Kleinasien bis an den Fuß des Himalayagebirges ausgebreitet hat.

In Nord-Indien wurde eine ganz eigenständige Schrift, die Devanagari, zum geheiligten Ausdruck des Hindu-Glaubens. Sie ist heute zur Nationalschrift Indiens geworden.

Um 500 v. Chr. erschien, ebenfalls in dieser Region, neben dem uralten Hinduismus der Glaube an Buddha, der sich im wesentlichen nach dem Südosten hin entwickelte und die aus der Devanagari entstandenen Schriften der Pali-Sprachen Indonesiens hervorgebracht hat.

Aus unserer geographischen Karte wird leicht sichtbar, daß die westliche Entwicklung der Schrift (lateinisch) klar erkennbare Einzelformen besitzt; der Grund ist das Einschieben der Vokallaute, deren Erkennbarkeit beim Lesen (Schnell-Lesen) immer wichtiger wurde.

In den südlichen Schriften bewahrte das Vokalisieren durch die Akzente dem Schriftzug seine Flüssigkeit. Außerdem wird aus der Gegenüberstellung sofort klar, daß die europäischen Schriften durch den Aspekt der klar getrennten Einzelbuchstaben von den Reproduktionstechniken intensiv zu Satzschriften umgestaltet werden, während im Südosten das Wesen des Geschriebenen heute noch vollständig erhalten ist. Diese Tatsache ist einer der Schwierigkeits-Faktoren bei der Umarbeitung von exotischen Schriften für den mechanischen Schriftsatz der modernen Reproduktionstechniken.

Einzelbuchstabensatz

Westlicher Ausdruck

Orientalischer Ausdruck

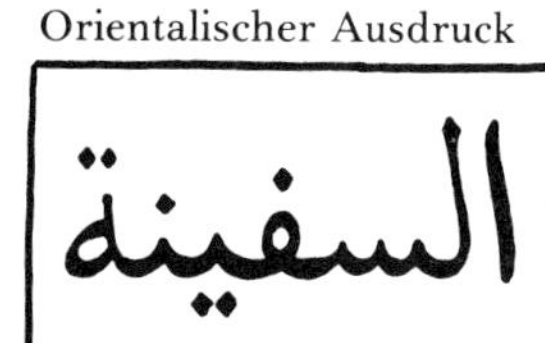

Zusammengehängt

Die Religionen als Hauptträger der Schriftkulturen der Welt

Die angeführten Schriften zeigen die wichtigsten Alphabetformen der heute noch aktiven Schriftkreise der Welt

今天回來他若今天
KONFUZIUS
HINDUISMUS
अभिव्यक्ति का
ガランとした部屋に
BUDDHISMUS
නිපදවීමට

Ritzen in Palmblätter

Im Hinblick auf die Werkzeugtechnik kann noch auf die Beobachtung hingewiesen werden, in welchen Schriften die Breitfeder zu spüren ist (in praktisch allen nördlichen Schriften), während in der südöstlichen Welt die in Palmblätter ritzenden Griffel und Spitzen aus Lesbarkeitsgründen zu übertrieben starken girlandenartigen Rundschriften geführt haben.

Eine Welt für sich bildet die chinesiche Schriftengruppe, die einer autonomen Abstammung entspringt. Durch Jahrtausende hindurch hat sie sich von den westlichen Traditionen isoliert und bis heute am ursprünglichen Bilderschriftensystem festgehalten. Der chinesische Schriftenausdruck gelangt deshalb in diesem Kapitel der alphabetischen Schriften zu keiner weiteren Ausführung.

Die japanische Schrift, die der chinesischen entstammt, hat sich zu vereinfachteren Silben- und Einzelton-Fixierungen durchringen können. So ist die »Katakana« heute zur allgemeinen Verkehrsschrift geworden. Sie umschließt ein Alphabet von ca. hundert Zeichen.

V Das ABC der westlichen Welt

1. Die frühe Entwicklung

Vom ersten Jahrtausend v. Chr. an fand gegen den westlichen Teil Europas der Ablauf der wichtigsten Entwicklung der Schriftfixierung überhaupt statt: das griechisch-lateinische Alphabet.

Als Ursprung kann – wie auf der vorangegangenen Tafel der graphischen Zusammenhänge herausgestellt – mit Sicherheit das phönizische Alphabet gelten. Auf einer weiteren Tafel ist dies nun in seinem vollen Umfang dargestellt (die groß gezeichneten, in Quadrate gestellten Zeichen). Die daraus entwickelten griechischen und lateinischen Buchstaben stehen jeweils neben dem betreffenden Zeichen. An der verblüffenden Klarheit und Vereinfachung in der Formgebung der einzelnen Figuren läßt sich ein hohes Maß an Intelligenz in der menschlich-geistigen Entwicklung ablesen.

Die phönizische Schreibweise begnügte sich mit 22 Konsonanten und einigen sogenannten Halbkonsonanten (Vorläufer unserer Vokale). Das phönizische Alphabet wurde von den alten Griechen komplett übernommen. Zur Fixierung des griechischen Sprachausdrucks wurden jedoch noch vier Zeichen hinzugefügt. Dieses Prinzip der Übernahme und Vervollständigung einer Alphabetreihe wurde danach in allen anderen europäischen Ländern zur Sprachfixierung beibehalten.

Zur Weiterentwicklung kann mit Sicherheit gesagt werden, daß etwa gegen 500 v. Chr. die Etrusker das griechische Alphabet zum eigenen Gebrauch übernahmen.

Leider können wir im Rahmen dieser Betrachtungen nicht näher auf die eher sprachtechnischen Nuancen der lokalen Zeichengebung eingehen, obwohl es sehr interessant wäre, zu sehen, wie zum Beispiel ein Λ zu L, ein Γ zu C oder ein Σ zu S geworden sind, daß im Lateinischen zwei O nicht notwendig waren und daß sich das Ω deshalb zu den Konsonanten zurückentwickelt hat.

Wir weisen den interessierten Leser in diesem Zusammenhang auf einige kompetente Quellen der Schrift- und Sprachforschung hin. (H. Jensen: *Die Schrift in Vergangen-*

Der Ursprung des ABC im phönizischen Alphabet (1200 v.Chr.)

Neben den phönizischen Zeichen stehen die entsprechenden griechischen und römischen Lautzeichen.

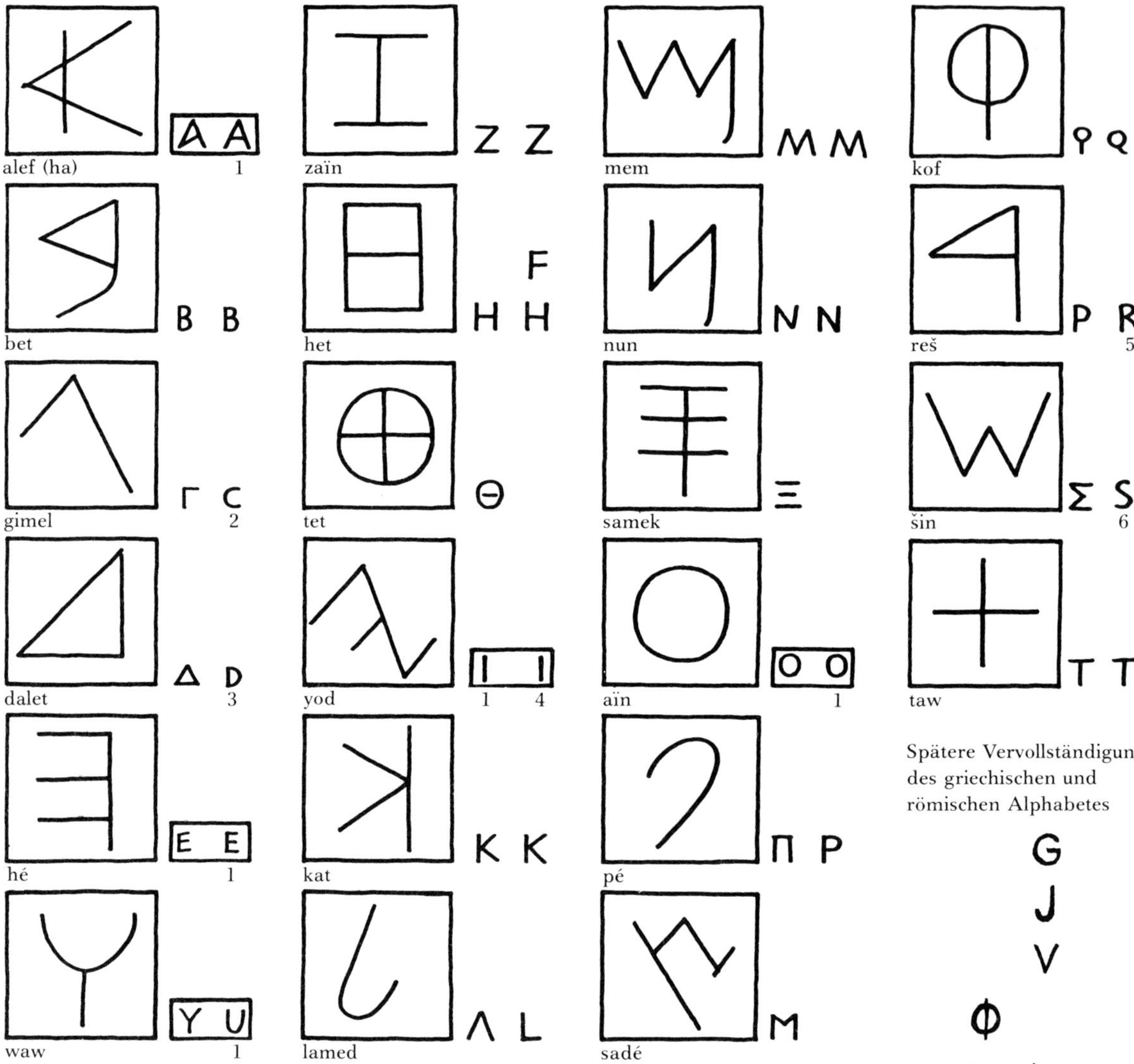

Spätere Vervollständigung des griechischen und römischen Alphabetes

G
J
V
Φ
X X
Ψ
Ω W

1 Die fünf so wesentlichen Vokal-Zeichen

2 Aus dem Korinthischen <

3 Aus dem Korinthischen D

4 Im Altgriechischen

5 Im Altgriechischen ist P schon R geschrieben

6 Aus dem Etruskischen

heit und Gegenwart. Berlin 1958. Johannes Friedrich: *Geschichte der Schrift.* Heidelberg 1966.) Wir können hier auch nicht weiter auf das Werden der einzelnen Buchstaben eingehen, um die graphische Abhandlung nicht durch kultur-historische und sprachliche Auseinandersetzungen zu beschweren.

2. Die Kapitalform und die Minuskelform

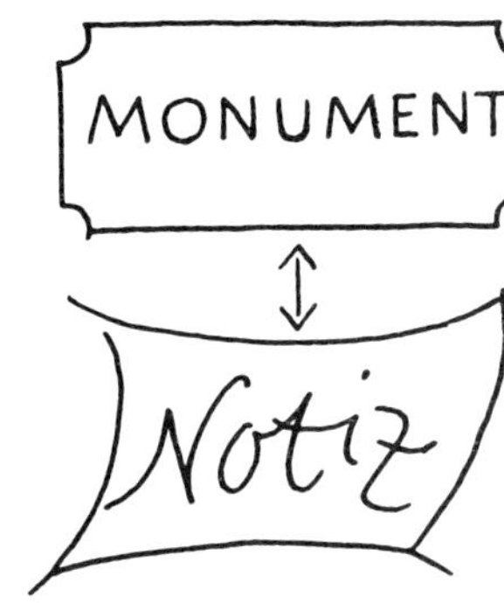

Für die Anwendung von Schrift gab es von Anfang an in aller Welt zwei grundlegende Ausdrucksarten: einmal die monumentale Beschriftung auf Felswänden, an Palästen und auf Verkehrstafeln, zum anderen die kurrente, handschriftliche Aufzeichnung in der Notiz, im Briefverkehr, im Kanzleivermerk etc.

Diese beiden Schreibweisen wurden gezwungenermaßen stets mit grundverschiedenen Instrumenten auf unterschiedlichen Materialien ausgeführt. Deshalb haben sich die Formen auch dementsprechend anders verhalten. So ist die Kapital-Monumental-Schrift durch das Dauerhafte der Unterlage, hauptsächlich Stein, in der Originalform haften geblieben, während sich die Kurrent- oder Kursivschriften durch den ständigen Gebrauch auf vergänglicheren Materialien, wie Wachstafeln, Papier etc., durch die Jahrhunderte hindurch stark verändert haben.

a Der Übergang vom Groß- zum Kleinbuchstaben

Bevor das eigentliche Thema der verschiedenen Werkzeuge und Vervielfältigungs-Techniken erörtert werden kann, scheint es uns wichtig zu sein, auf einer Tafel die verschiedenen Entwicklungsstufen von typischen Buchstaben in vereinfachten Strichformen darzustellen, um auch hier als grundlegende Betrachtung der impulsiven Geste näherzukommen. Der Leser kann auf der Tafel den Entwicklungsgang von Groß- zu Kleinbuchstaben verfolgen. Als Hauptmerkmal geht aus dem Formenablauf hervor, daß mit der Vereinfachung der Gesten und durch schnelleres Schreiben die monumentalen Geraden zu Runden übergeleitet werden. Typisch sind hierfür A a, E e, M m, T t. Ein anderes, besonderes Merkmal ist das Entstehen von Ober- und Unterlängen, unerläßlich zur klaren Identifizierung der vereinfachten Kleinbuchstabenformen: b d p q sind nur dadurch differenziert, h und n ebenfalls.

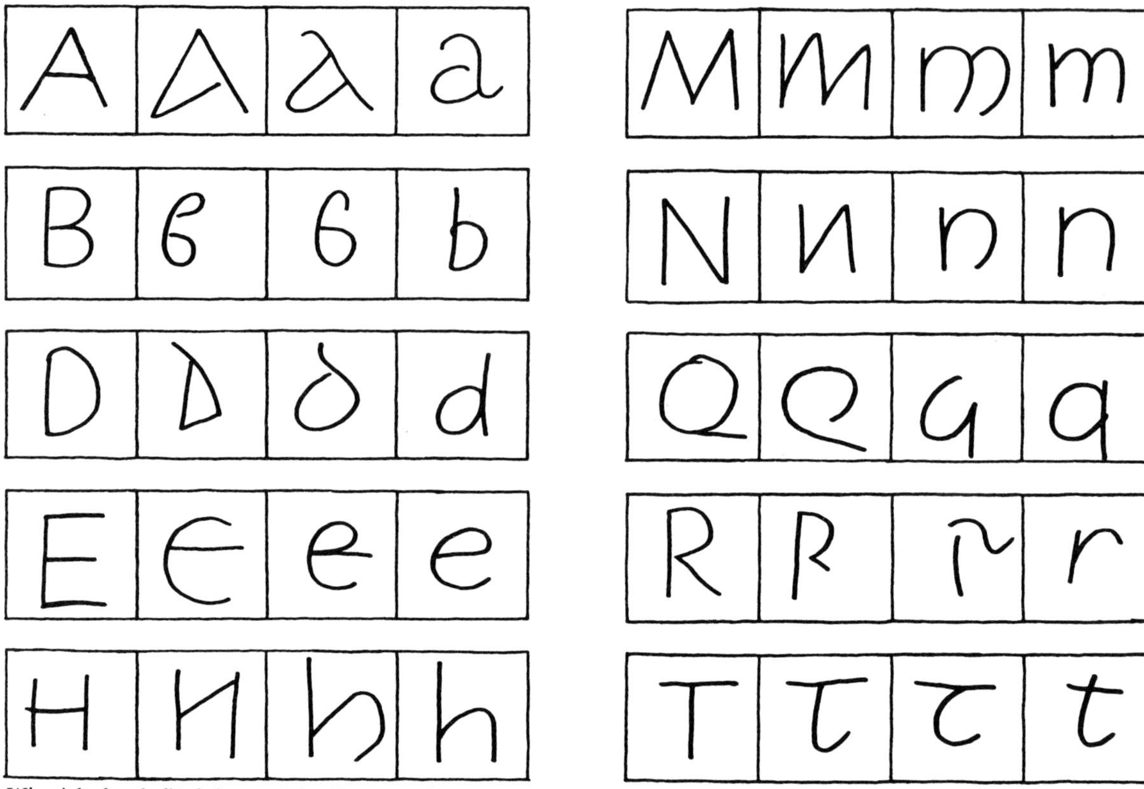

Wie sich durch flüchtigeres Schreiben die Kapitalien zu Gemeinen entwickelt haben

Aus einer Gegenüberstellung von Klein- und Großbuchstaben des abendländischen Alphabets, das heute als Grundlage der westlichen Sprachen dient, geht eindeutig hervor, daß die rein lateinischen Buchstaben vom Groß- zum Kleinbuchstaben im allgemeinen eine starke Wandlung durchmachten (siehe A a, B b, D d, E etc.). In anderen, späteren Sprachfixierungen (z. B. Germanisch, Englisch etc.) wurden neue Zeichen in ihrer monumentalen Form aus griechischen und römischen Alphabeten direkt übernommen und haben deshalb den jahrhundertelangen Abschliff zur Minuskel nicht durchgemacht. So haben zum Beispiel die Buchstaben K k, W w, Y y praktisch ihre Kapital-Form beibehalten. Dasselbe kann für X x und Z z gelten, die im Lateinischen nur selten gebräuchlich waren, U und V waren in der Form

Alle Majuskel sind nicht zu Minuskeln geworden

kaum unterschiedlich in Gebrauch. Aus diesen Überlegungen kann gefolgert werden, daß in einer natürlichen Tendenz zur Flüssigkeit des Schreibens die schräglaufenden Bewegungen in Runde und Gerade abgewandelt wurden (siehe A a, M m, N n). Ein Wandlungsprozeß, den die letzten »angehängten« Buchstaben nicht durchgemacht haben.

Im Zusammenhang mit dem Thema Groß- und Kleinbuchstabenalphabet sei hier noch folgendes betont: Die abendländische Sprachfixierung erfolgt theoretisch mit *einem* Alphabet von 26 Lautzeichen, an das jeweils, der Sprache entsprechend, spezifische Akzentfiguren und Ligaturen angeschlossen werden. Es ist jedoch bemerkenswert, daß die ursprüngliche Form der Kapitalis von den Minuskeln nicht etwa verdrängt wurde, im Gegenteil, seit dem frühen Mittelalter bestehen sie nebeneinander. Heute stehen dem Schreiber sozusagen *zwei* Alphabet-Reihen zur Verfügung, und zwar die Majuskeln, die in Beschriftungen der Architektur oder in Überschriften, in Ausschreibung von Eigennamen etc. mit ihrem majestätischen Aussehen etwas Erhabenes ausdrücken, während die Minuskeln oder Gemeinen zum eigentlichen Gebrauchsvehikel des schriftlichen Austausches jeder Art und im weitesten Sinne geworden sind. Über Groß- *und* Kleinbuchstaben für den schriftlichen Ausdruck verfügen zu können, scheint uns eine Bereicherung von höchstem Wert zu sein. Die Versuche zur Reduzierung auf das alleinige Kleinbuchstabenalphabet bringt eine derartige Verarmung mit sich, daß wir uns mit größter Entschiedenheit dagegen wehren möchten.

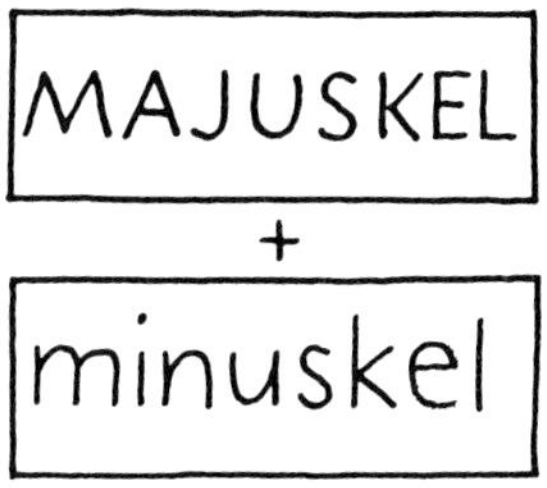

Feierlich – Alltäglich

b Versuch einer Theorie der Gesten-Reduktion

Das Erscheinungsbild unserer Buchstaben hat sich, von den starren römischen Majuskeln ausgehend, in der Buch- wie auch in der Handschrift zu einer geschmeidigen fließenden Minuskel gewandelt, und dies, wie schon erwähnt, durch die Vereinfachung der Gesten beim schnelleren Kalligraphieren oder Schreiben. Dieser Reduzierung etwas besser auf den Grund zu kommen, hat uns veranlaßt, einen Versuch zu einer Theorie aufzuzeichnen, um das etwas undurchsichtige Phänomen etwas besser beleuchten zu können.

Im ersten Band »Zeichen erkennen, Zeichen gestalten« hatten wir eine Wertstufung der Gesten bei der Formgebung aufgestellt. Wenn wir diese Anlage auf die Buchstabenformen überleiten, erhalten wir folgende Schwierigkeitsstufen:

1 Einfache Kreuzung. 2 Richtungswechsel eckig. 3 Richtungswechsel rund. 4 Schweißen an der Strichmitte. 5 Schweißen von zwei Strich-Enden. 6 Schweißen am Ende eines Strichzuges. 7 Anfang und Ende zusammentreffen lassen.

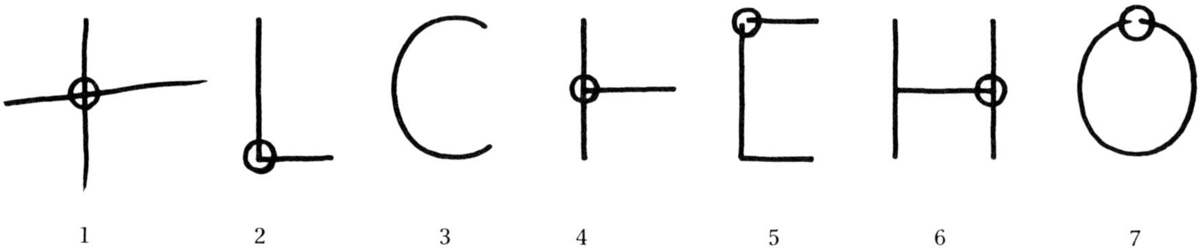

Jedes Zeichen eines lapidaren Großbuchstaben-Alphabets entsteht durch eine bestimmte Reihung einer gewissen Anzahl festgelegter Gesten. Beim Schreiben der Buchstaben gilt die Regel, daß die Striche nur *gezogen* werden, so, als würden sie mit einer Feder ausgeführt, die keine Stoßbewegungen zuläßt.

Unter jedem Buchstaben stehen die Zahlen der angewandten Gesten. So entsteht das A aus zwei schrägen Balken, die oben an den Strich-Enden geschweißt sind (5), und aus einem Querbalken, der links mit Schwierigkeitsgrad 4 und rechts mit 6 zwischen die beiden Schrägen zu setzen ist. Jeder Buchstabe erhält auf diese Weise eine Zahlenreihe, ihre Addition drückt eine Schwierigkeitsstufe aus.

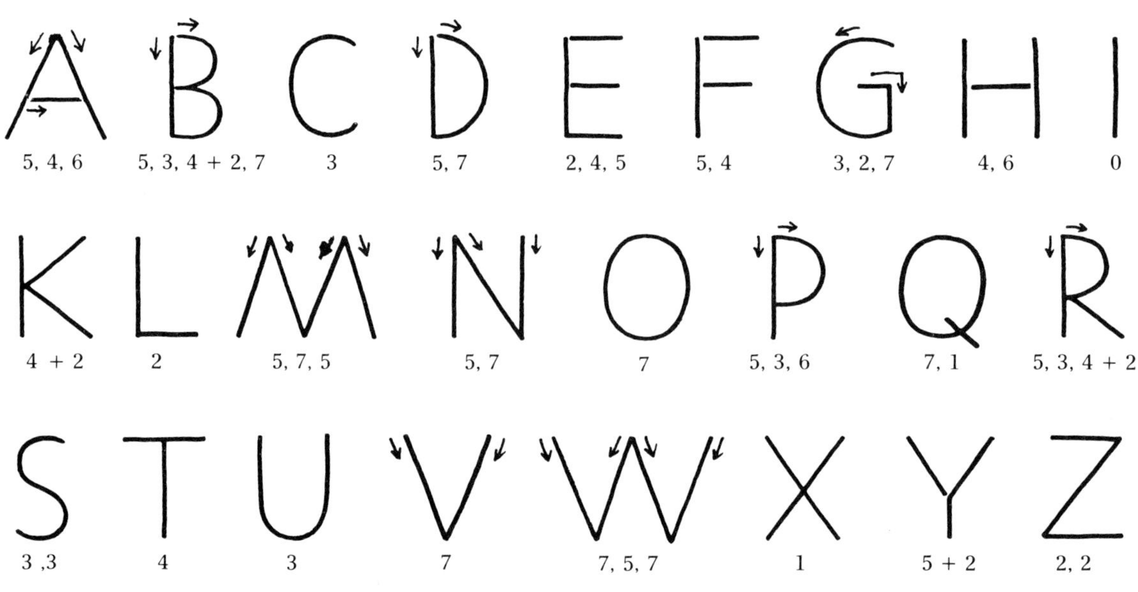

Zurückkommend auf das Thema der Gesten-Reduktion, stellen wir bei der Betrachtung des Vergleichs zwischen Groß- und Kleinbuchstaben fest, daß die Zwischenstufe der Halbminuskeln und besonders die Endform der Minuskeln um vieles reduzierte Schwierigkeits-Zahlen aufweisen. So ist die Summe des großen A von 15 auf 5 beim kleinen, geschriebenen a gesunken. Noch markanter ist die Reduktion des B von 21 auf 5 beim kleinen b.

Die Unvollständigkeit dieses Versuchs ist uns bewußt, sie soll hier jedoch nur als Andeutung zu einem anders überlegten Verständnis eines an sich in verbaler Form nur schwer zu erklärenden Themas sein.

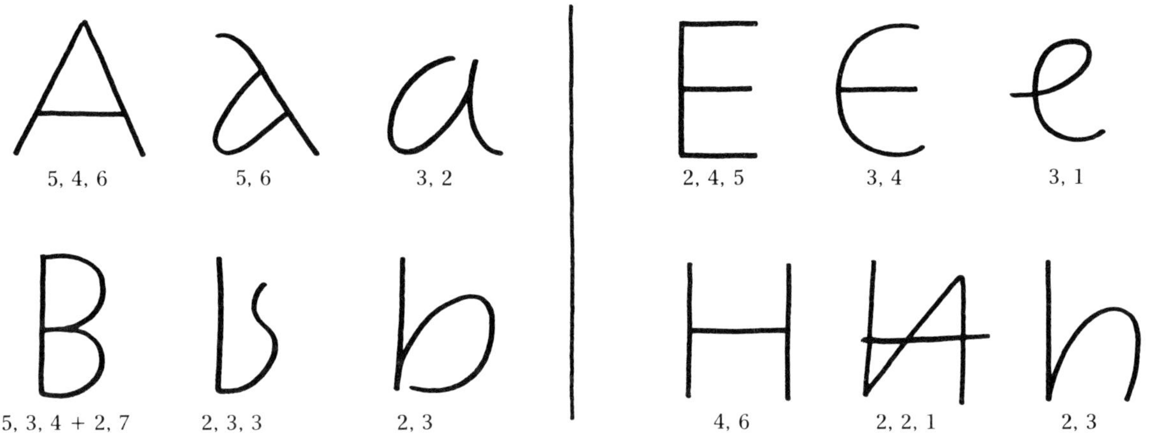

VI Die Formentwicklung durch Schreib- und Drucktechniken

Das Werden der abendländischen Schriftform haben wir in zwei getrennte Bereiche geteilt. Einmal in den, der den Entwicklungsablauf vom Bildzeichen bis zu den Grundformen der Buchstaben zeigt, wie in den vorangehenden Kapiteln erläutert. Zum anderen steht vor uns die Betrachtung des Stoffs der Schreib- und Druckmethoden, die durch den Gebrauch der verschiedensten Materialien und Techniken die Form des Buchstabens wohl nicht mehr grundlegend veränderten, die jedoch den Zeichen in jeder Epoche eine neue Gestalt, einen neuen Stil verliehen haben.

Da wäre zunächst zu bemerken, daß mit dem fortschreitenden Schriftengebrauch in größeren Mengen die Einzelzeichen eines gemeinsamen Alphabets einen Anpassungs- oder Ausgleichsprozeß durchgemacht haben, der den Worten, Zeilen und Seiten einen zusammengefaßten Ausdruck verlieh. Dieses Annähern der einzelnen Buchstabenformen hat nicht unbedingt eine Einbuße der Lesbarkeit zur Folge, da beim gewohnten Lesen die Schrift nicht mehr nach Einzelzeichen buchstabiert wird, sondern die Wortbilder ganzheitlich, ja sogar ganze Satzteile mit einem Blick aufgenommen werden. Die Reihung der Schriftzeichen wird deshalb zu einer Art Textil, in dem Materie und Zwischenraum, also Faden und Masche, einen lesbaren »Stoff« bilden. Von diesem Vergleichsbild ausgehend, möchten wir dieses Kapitel der Textschrift in zwei Teile gliedern, und zwar in Faden und Masche, d.h. in das Schwarz der Strichgebung einerseits und in das Weiß des Zwischeninnenraumes andererseits.

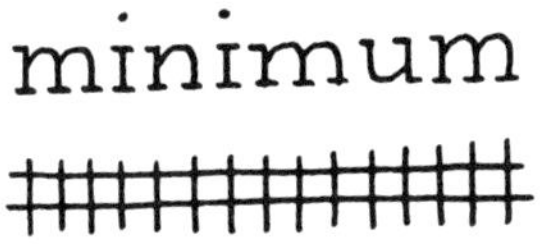

Der Ausgleichungsprozeß der Minuskeln

»Stoff« ist aus Faden und Masche gewebt

1. Die schwarze Strichgebung

a Die Kalligraphie

Die Verschiedenheit der im Gebrauch befindlichen Schreibinstrumente im Zusammenhang mit den benutzten Unterlagmaterialien wie Papyrus, Pergament etc. waren bestimmend für die jeweilige »Ästhetik« einer Schrift.

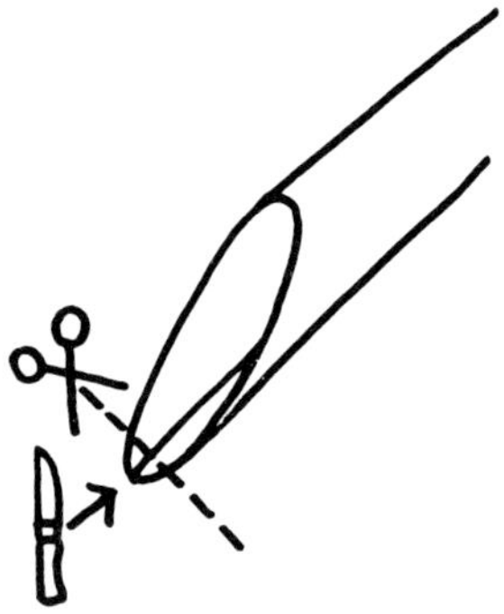

Rohrfeder

An- und Abschwellen des Striches

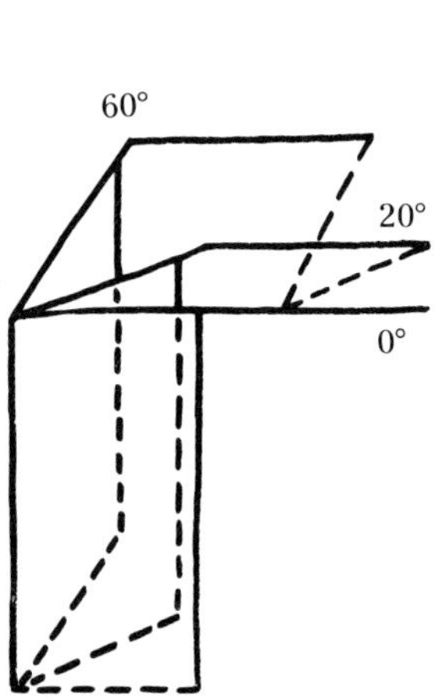

Schräglagen der Breitfeder

Eines der beliebtesten Schreibinstrumente war die Rohrfeder, die durch ihre für den Schreiber angenehmen Eigenschaften eine sehr große Verbreitung fand und sich durch zwei Jahrtausende hindurch als wichtigstes Schreibzeug erhalten hat. Es ist deshalb verständlich, daß durch einen so lange anhaltenden Gebrauch eines Instruments die Formentwicklung von dessen Eigenschaften stark geprägt wurde. Die Rohrfedern wurden aus Schilfrohren, vor allem aber, wie ihr Name besagt, aus Federn von Geflügeltieren zurechtgeschnitten. Das Rohr wurde schräg durchschnitten, die vorstehende Spitze in der Länge gespalten und der äußerste Teil der Spitze aus Gründen der Stabilität quer abgeschnitten. So entstand ein Instrument, das es dem Schreiber erlaubte, schneller zu schreiben, da das Rohr ein Flüssigkeitsreservoir bildete, also die Eintauch-Gesten z. B. in das Tintenfaß erheblich verringerte. Zum anderen lag in der gestrafften Weichheit der Feder der Reiz, durch stärkeres oder schwächeres Aufdrücken mehr oder weniger Flüssigkeit durch den Spalt auf das Papier fließen zu lassen. Durch diesen kontrollierten Tintenfluß war es möglich, die oberen und unteren Strich-Enden zu verstärken und damit die Buchstabenreihung zur Schriftzeile hin punkthaft zu betonen.

Wir wissen, daß die Schönheit einer kalligraphierten Seite im wesentlichen in dieser wiederholbaren Strukturierung des Schriftgewebes besteht.

Eine weitere, noch wichtigere Art der Strich-Enden-Formung wirkt sich durch die Federstellung aus. Durch das Abschneiden der Spitze erhielt die Feder die Eigenschaft, die Striche je nach Drehung in differenzierte Stärken zu bringen. Die Breitseite des Federstrichs hat durch die individuelle Handhabung in den verschiedensten Epochen für einen eigenwilligen Zeitausdruck gesorgt.

Anhand einer schematisierten Gegenüberstellung werden die Verschiedenheiten des Schriftausdrucks im Zusammenhang mit den Federstellungen noch besser erkennbar.

(Das zu den Beispielen benutzte Monogramm HE wurde absichtlich erfunden, um einen formal vergleichbaren Zusammenhang mit dem Leuchterzeichen des ersten Bandes zu schaffen. Das Monogramm ist nur um 45 Grad zu drehen.)

Horizontale Federstellung

In den Zeiten der frühen römischen Kalligraphie war die Federstellung beim Schreiben noch etwas schematisiert, ziem-

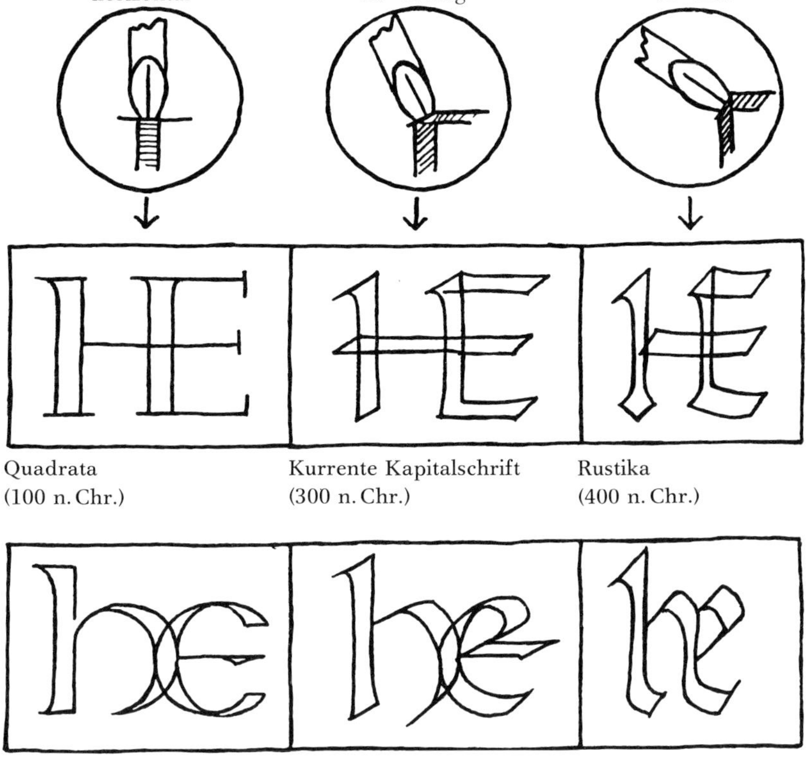

Römische Kapitalschriften

Von der Majuskel zur Minuskel

lich horizontal gehalten, so, wie dies im nebenstehenden Schema ersichtlich ist. Die Schrift wurde dadurch zu einer breitlaufenden Anlage geführt, in der die maximale Breite der Feder die Vertikalen, die minimale Federkante dagegen feine Übergänge und Serifen in den Horizontalen zeichnete.

Dieselbe horizontale Federstellung findet sich in den frühen Unzialschriften wieder, deren runde Formen im Zusammenhang mit dem Erscheinen von Ober- und Unterlänge schon auf die Minuskelform hindeuten.

Schräge Federstellung

Eine der schreibenden Hand besser angepaßte Federstellung ist diejenige von ca. 20 Grad, die auch zur allgemein gebräuchlichen Schreibform führte. Man erkennt in der mittleren Reihe unserer Darstellung oben die halb-kursiven römischen Kapitalien, die ein Strichstärkenverhältnis zeigen, das vom menschlichen Auge als »normal« bezeichnet wird. Die Vertikale ist stärker als die Horizontale, die Haarstriche (oder Übergänge) liegen schräg und treten nur noch in den runden Formen zutage. Schräge Aufstriche werden dünn,

Die typische Schrägachse

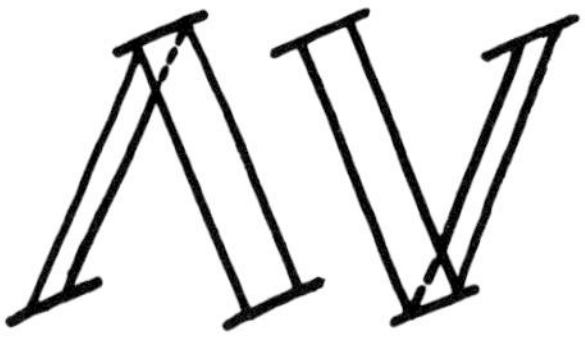

Aufstrich fein,
Abstrich stark – heute noch

während die schrägen Abstriche volle Federbreite erhalten. Dieser typische Ausdruck in, A, K, V, W etc. ist bis heute in allen Druckschriften als Norm haftengeblieben.

In der unteren Reihe steht in der Mitte die karolingische Minuskel, die in der gleichen normalen Federstellung den gleichen Gesetzen der Strichstärkengebung gehorcht. Bezeichnend ist dabei, daß durch die Schrägstellung der Feder die Schrift zu einer engeren Formgebung tendiert.

Steile Federstellung

Rustika

Eigenartigerweise stellen wir am Ende bei zwei der wichtigsten Kultur-Epochen unserer Zivilisation eine Tendenz zu einer ungewöhnlich steilen Federstellung fest. Im oberen Beispiel wird die Kapitalschrift gegen Ende des römischen Reichs zur Rustika. Durch die schon erwähnte, punkthafte Betonung des Ausdrucks der Schriftlinie (Verstärkung der Strich-Endungen) wirkt die Schrift verziert, sie strebt eher zum Ornament als zu einer optimalen Lesbarkeit.

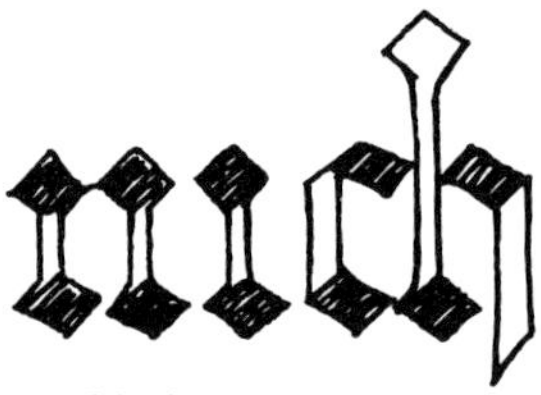

Gothische Textur

Ein ähnliches Phänomen erlebte die Schrift in der Entwicklung zur gotischen Minuskel während des Mittelalters, wo die Federstellung ebenfalls steiler wird und die Strich-Enden oben und unten noch stärker betont sind. Diese Schreibart ergab eine sehr schöne Textur der geschriebenen Seiten, und man erkennt darin den eher etwas mystischen Gebrauch der Schrift zu religiösen Zielen.

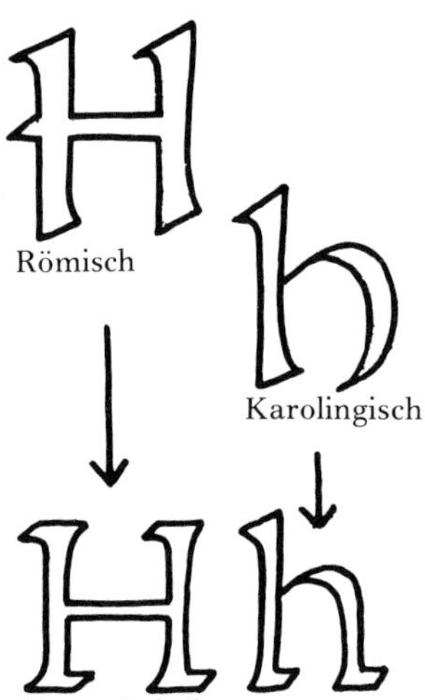

Die Humanisten der Renaissance haben zum lateinischen Schriftausdruck auf die beiden in der Mitte unserer Darstellung liegenden Schriften mit »humaner« Federstellung zurückgegriffen. Einmal auf die karolingische Minuskel, aus der direkt die humanistische Minuskel abgeleitet ist, und zum anderen auf die halb-kursiven römischen Kapital-Formen, die ebenfalls heute noch in ihrer originellen Form in vollem Gebrauch stehen.

b Über die Federstellung in anderen Sprachgebieten

Im Zusammenhang mit dem Problem der Federstellung liegt es nahe, über die Grenzen der lateinischen Schriftform hinaus einen Blick auf andere Schriftkreise zu werfen. In einer Zusammenstellung stehen sich auf der gleichen Linie Schrifttypen mit verschiedenen Federstellungen gegenüber. Auf der linken Seite die oben erwähnten drei Gruppen der lateinischen Kalligraphie, ausgehend von der horizontalen An-

Federstellungen in verschiedenen Schriftkulturen

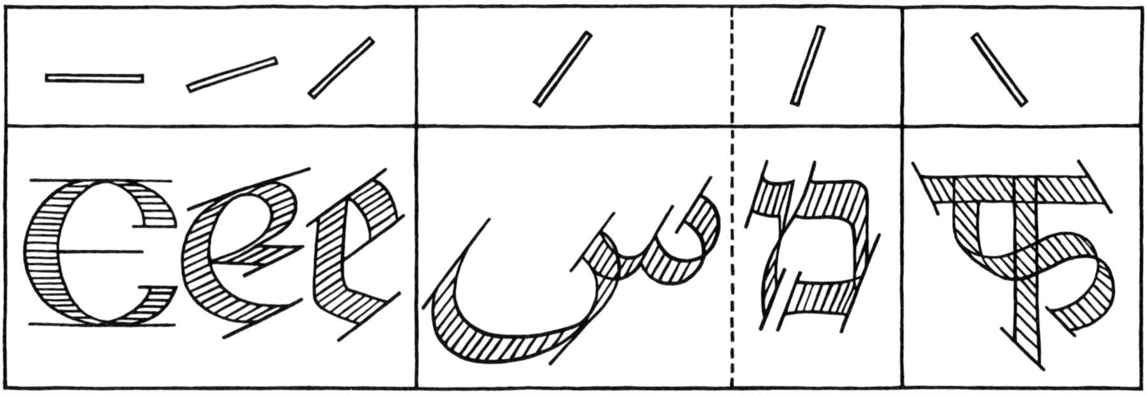

Lateinisch, von Majuskel zu Minuskel Arabisch Hebräisch Indisch

lage über die für uns zur Norm gewordene 20-Grad-Lage, im Vergleich dazu die eher als etwas dekadent zu wertende Schräglage des gotischen Schriftausdrucks.

Im mittleren Bereich stehen zwei Schriftzeichen aus dem nahöstlichen Schriftenkreis: links ein arabisches Zeichen mit ziemlich steiler Schräglage und daneben ein hebräischer Buchstabe, dessen fast zur Vertikalen gestiegene Neigung des feinen Aufstrichs das bekannte, sehr stark horizontal Geprägte der hebräischen Schrift erklärt.

Rechts außen steht ein Zeichen aus der Devanagari-Schrift Indiens, das mit einer uns unvertrauten, genau entgegengesetzten Werkzeugstellung geschrieben wird. Alle feinen Übergänge der Rundungen liegen hier auf einer Achse Nord-Ost/Süd-West. Diese Schreibweise ist auf den Gebrauch von Werkzeugen aus Schilf und Bambus zurückzuführen. Die Stabilität dieser Materialien läßt sowohl eine Zieh- als auch eine Stoßbewegung zu. Sie erlaubt keine Strichmodulationen durch Druckänderungen, wie dies bei der elastischen Geflügel-Feder der Fall ist. Zu sagen wäre noch, daß die Schriften der mittleren Gruppe von rechts nach links geschrieben werden, während sich die westlichen (links) wie auch die indische (rechts) von links nach rechts bewegen. Die arabischen Schriften sind ebenfalls im Hauptteil des Zeichens auf meist weitausholende, fast ausschließlich nach unten gerundete Stoßbewegungen aufgebaut. Im Gegensatz zum Arabischen wird das Hebräische größtenteils mit Zugbewegungen kalligraphiert, obwohl die Schriftzeichen in einer Reihung von rechts nach links entstehen. Diese Themenstellung der Schreibtechnik im Vergleich mit den verschiedenen Schriftkulturen möchte hier nur als Andeutung gewertet werden. Eine ausführlichere Studie würde den Rahmen unserer Betrachtungen weit überschreiten.

c Gravur und Druck

Im Verlauf des 15. und 16. Jahrhunderts hat die Kalligraphie einen großen Teil ihres Einflusses auf die Schriftformung an die neu erfundende Drucktechnik Gutenbergs abgetreten. (Den Ablauf von der Gotik zur Fraktur und den Kanzleischriften klammern wir willentlich vorläufig aus, um die Entwicklung der heute zum Weltstandard gewordenen lateinischen Schrift nicht zu unterbrechen.) Anhand einer schematischen Gegenüberstellung können die verschiedenen Druck-Erzeugnisse bildlich abgelesen werden.

Stempelschnitt für Hochdruck

Der Hochdruck (auf dem Schema links), ist die Technik der erhabenen Druckform, wie sie Gutenberg erfunden hat. Die Buchstabenbilder wurden am geschliffenen Ende eines Stahlstäbchens in erhabener Weise herausgestochen. Nach Härtung wurde durch Einschlagen in einen Kupferblock eine Matrize geprägt, aus der wiederum erhabene Buchstaben gegossen wurden. Dieser Prozeß erforderte eine widerstandsfähige Formgebung. Beim erhabenen Gravieren mußte viel Materie beseitigt werden, beim Prägen mußten die Details der Gravur durch einen starken materiellen Unterbau gefestigt sein, beim Drucken führten Farbe und rohes, feuchtes Papier zu einem kräftigen, im einzelnen unscharfen Bildausdruck. Aus dieser Zeit der ersten Drucke im 16. Jahrhundert sind uns die sehr robusten, klar geformten Elzevierschriften überliefert, die unseren heute gebräuchlichsten Schriften zum Vorbild geworden sind.

Kupferstich

Der Tiefdruck (Mitte des Schemas). Im 18. Jahrhundert hat die Technik des Kupferstichs, also der vertieften Druckweise, bestimmend auf die Formgebung gewirkt. In eine hochglänzende Kupferplatte wurden die Buchstaben diesmal *vertieft* eingraviert. Die Farbe wurde auf eine Platte aufgetragen, an der Oberfläche sauber abgewischt, so daß Farbreste in den Vertiefungen hängenblieben. Unter starkem Druck nahm dann das aufgelegte feuchte Papier aus der gravierten Vertiefung die Farbe heraus und gab so die Form des Buchstabens wieder.

Wer diese Technik kennt, dem wird leicht klar, wie es in dieser Epoche zu einer wesentlichen Veränderung des Schriftstils – wie wir ihn in den Schriften von Bodoni, Walbaum, Didot etc. erkennen – kommen konnte. Das Kupferstechen trieb die Formgeber dazu, sehr feine Haarstriche und Ausladungen zu stechen. Der vergrößerte Kontrast zwischen sehr feinen Übergängen und fetten Abstrichen formte die Buchstaben zu einem Erscheinungsbild, das heute unter der Stilbezeichnung »klassizistisch« noch immer in Verwendung steht.

Der Flachdruck (rechter Teil des Schemas). Am Ende des 18. Jahrhunderts entwickelte sich eine dritte Drucktechnik, die Lithographie. Die flachgeschliffene Oberfläche einer Steinplatte erlaubte es dem Handwerker, sich nunmehr, befreit von Stichel und Feile, entweder mit Pinsel, Feder, Lineal, Zirkel oder sogar ganz freihändig auszudrücken. Die mit fetthaltiger Farbe auf den Stein ausgeführte Zeichnung wurde danach chemisch gefestigt, und von diesem Bild konnte, dem bekannten Prinzip der wasserabstoßenden Druckfarbe folgend, die Auflage abgezogen werden.

Lithographie

Daß diese revolutionierende Technik eine völlig neue Situation für das Schriftschaffen brachte, ist leicht vorstellbar. Die Loslösung vom Stichel brachte unwillkürlich eine Erneuerung in den Schrift-Duktus hinein. Serifen und Übergänge wurden nach Belieben verstärkt, und es entstanden die serifenbetonten Egyptienne- und Italienne-Schriften, die

Die Drucktechniken und deren Einfluß auf die Schriftform

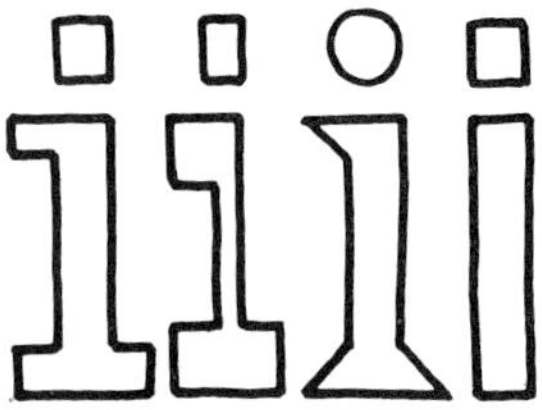
Formbefreiung durch die neue Technik

typischen Latine-Alphabete mit den Dreiecks-Serifen, aber auch die serifenlosen Grotesktypen, die ihren Ursprung in der Lithographie verankert haben.

Der Einfluß der Lithographie des 19. Jahrhunderts auf die Entwicklung der Lettern des Buchdrucks ist eindeutig. Das Schriftenangebot der Gießereien wurde um vieles reicher. Die Schriftform erlebte eine Befreiung, die in vielen Fällen bis zu einer gewissen Ausartung getrieben wurde. Auf dieses Abgleiten von der Grundform kommen wir im Kapitel über »Die Abweichung vom Grundtyp« eingehend zurück.

2. Die weißen Innenräume

a Architektur und Schrift

Gerne werden die Schriftformen mit der Architektur verglichen. Wir meinen auch, daß das Geistige, das Intellektuell-Tragende jeder Epoche im entsprechenden Baustil und ebenfalls im Schriftstil der kalligraphierten und später gedruckten Bücher zum Ausdruck gekommen ist. Die Entwicklungsgeschichte der Schrift ist in gewissem Sinne eine »Graphologie« der vergangenen Kulturen, die jedoch nur zurückblickend mit großem zeitlichen Abstand möglich ist, und wir möchten uns hüten vor zu einfältigen oder oberflächlichen Gegenüberstellungen auf diesem Gebiet. Trotzdem ist es auffallend, wie zum Beipiel die Raumkonzeption des Rundbogens und dessen Auftreten in Reihungen der romanischen Arkaden mit der Tendenz nach Rundungen in fast allen Buchstaben des Unzial-Alphabetes der gleichen Epoche formal übereinstimmt.

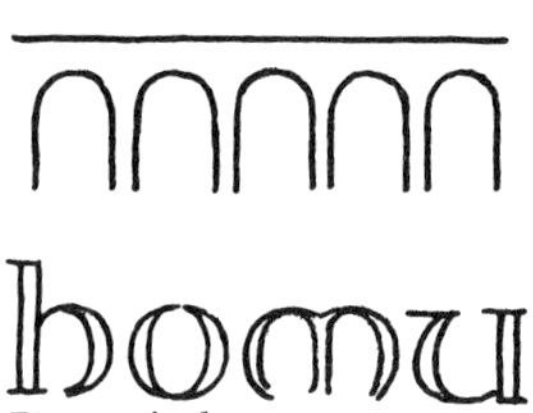

Romanisch

Wir können ebenfalls nicht außer acht lassen, daß die Verengung zum gotischen Baustil, zusammen mit dem Erscheinen des Spitzbogengewölbes, im Schriftausdruck der gleichen Epoche, dem Mittelalter, verblüffend ähnliche Aspekte aufweist. Die Tendenz zur Verengung der Bautechnik ist wohl auf ökonomische *und* religiöse Fakten zurückzuführen. Die Trag- und Stützpfeiler verfeinerten sich (Einschränkung der Steinmasse), wobei die Logik des statischen Gesetzes den romanischen, stark spreizenden Rundbogen zum engeren, stabileren gotischen Spitzgewölbe veränderte. Der aus einem bestimmten Geist zwischen Städten und Ländern erwachte Ehrgeiz zu immer höheren Kirchtürmen spornte die Bauleute zu den gewagtesten Bauwerken an, die uns mit den Kathedralen des Mittelalters überliefert sind.

Gotisch

In der Zeit der Gotik können ähnliche Beweggründe in der Schreibentwicklung aufgeführt werden. So scheint es wahrscheinlich, daß der Kalligraph das zur Schreibunterlage benutzte kostspielige Pergament auf maximale Weise auszunutzen suchte, indem er die Schrift verengte. Die Verschmälerung einer Breitfeder-Schrift geschieht am einfachsten durch die Drehung der Feder zu einem hohen Anschlags-Winkel, damit die Vertikalen sich verdünnen, wobei jedoch die Übergangs-Linien sowie die Ein- und Ausläufe unwillkürlich Spitzen aufweisen.

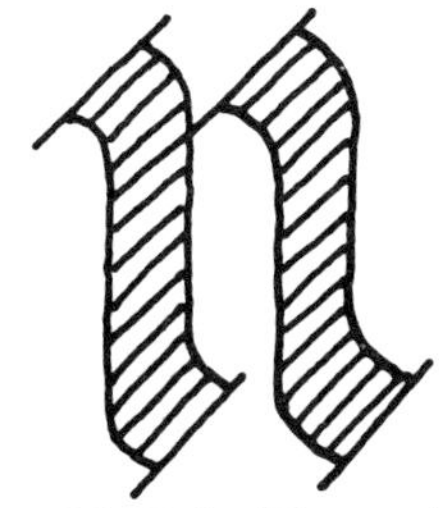

Die Federführung führt zur Verengung und zum Spitzbogen

Zu diesen eher technischen Tatsachen kommt eine intellektuell-geistige Einstellung hinzu, welche die Kathedrale ebenso wie die geheiligte Schrift nicht mehr als reine Gebrauchs-Objekte wertete, sondern sie in gewissem Maße zum Ausdruck eines Kults, sozusagen eines Bindegliedes zwischen einem Diesseits und einem Jenseits prägte; Fakten wie Zweckmäßigkeit des Baus beziehungsweise Lesbarkeit der Schrift spielten eine weit geringere Rolle. Ein vergeistigtes, feierlich gegliedertes Raumempfinden und ein stark ornamentales Schriftbild standen im Vordergrund.

Ein weiteres, noch prägnanteres Beispiel einer Parallele zwischen Architektur und Schrift zeigt der Renaissance-Stil, in dem die Wiedergeburt des griechisch-römischen Stils einerseits mit derjenigen der römischen Kapitalschrift und der karolingischen Minuskel andererseits verglichen werden kann. In dieser Epoche, 16. Jahrhundert, sprengten die Humanisten den streng religiösen, dogmatischen Rahmen. Die Schrift wurde »entsakralisiert«, indem sie zur Verbreitung von nichtreligiöser Literatur von den frühen Druckern benutzt wurde. Auf diese Weise stabilisierten sich die ersten lateinischen Schrifttypen, die seitdem als Grundstruktur unseres abendländischen Schriftausdrucks die Jahrhunderte überlebt haben.

Die Renaissance

Seit dem umwälzenden Formereignis der Renaissance können Ähnlichkeiten zwischen Bau- und Schriftstilen weiterverfolgt werden, zwar nicht mehr in der Anlage der Grundformen (ein A a oder ein B b sind seither zu festgelegten Kommunikations-Coden geworden), sondern nur noch im äußeren Erscheinungsbild, sozusagen in der »Bekleidung« der Schrift. Der Leser vergleiche zum Beispiel die verfeinerte Bauart des 18. Jahrhunderts mit der klassizistischen Antiqua oder dem Jugendstil, der in Bau und Schrift zu identischer Erscheinung gelangte.

Im 20. Jahrhundert ist diese Stil-Identität zu einem *bewußten* Suchen nach einer Anpassung geworden. So erleben

Neue Sachlichkeit

in den dreißiger Jahren Bau- *und* Schriftstil die Bewegung zur neuen Sachlichkeit. Die reine Geometrie wird dem »Freihändigen« überstellt: alle Geraden werden mit dem Lineal gezogen, alle Rundungen mit dem Zirkel geschlagen.

Der strukturale Vergleich von Architektur und Schrift erlaubt es, die geistige Verfassung einer Epoche bildhaft klarer zu deuten, wir möchten sagen, *räumlich* intensiver nachzuerleben.

b Der Raum

Vom Begriff »Gebäude« lernen wir, daß der graphische Ausdruck ebenfalls aus zwei Hauptelementen zusammengesetzt ist: 1. dem Materiellen – der Stein, das Holz etc., in unserem Fall mit dem schwarzen Strich verglichen – und 2. dem Räumlichen, dem eigentlich »Gebräuchlichen« eines Gebäudes, das im Graphischen meist weniger beachtet wird.

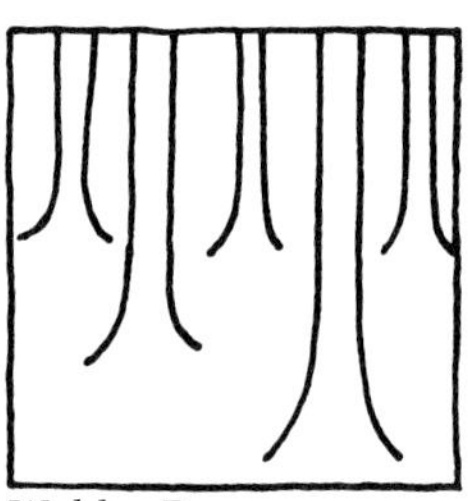
Wald – Raum

Materie und Raum

Bei dieser Art der Problemstellung zwischen Materie und Raum stehen wir wieder vor dem Dualismus Schwarz – Weiß, Formendes und Formerhaltendes. In Verbindung mit der Überlegung der verstärkten Strich-Enden (Serifen) kommt man auf Vergleiche mit tief eingeprägten Bildern aus der Natur, zum Beispiel dem eines Waldes, in dem die Baumstämme mit ihren angeschwellten Ansätzen wie lebendige, leicht eingebogene Säulen das eigentliche Wesen, die Qualität des Waldinnenraumes bestimmen. Als etwas gewagterer Schritt mutet uns der Vergleich einer konkaven Strichführung an, die zwischen »männlichen« Strichen konvexe »weibliche« Formen erscheinen läßt.

In einer Umkehrung der normalen visuellen Aufnahmen erscheinen die Zwischen- und Innenräume wie skulpturelle Figuren, deren Wesensart den Rhythmus und den Stil einer Schrift bestimmt.

Auf einer Tafel sind die Innenwerte gleicher Buchstabenpaare in den drei schon erwähnten, für unsere Schriftentwicklung wichtigen Stile ausgedrückt: einmal das geometrisch stark Kontrastierende in der römischen Kapitalschrift (Rechteck, Dreieck, Kreis); dagegengesetzt stehen die im ganzen Alphabet zu einer Einheit angeglichenen Räume der gotischen Texturschrift, die jegliche Rund- oder Schrägbewegung in gerade »Maschen« verändert hat; sozusagen als logisches Resultat dieses geschichtlichen Ablaufes steht an dritter Stelle die zur Reife der Lesbarkeit herangewachsene Renaissance-Schrift, deren ausgewogene Raumproportio-

Das Monumentale in der römischen Kapitalschrift

Die vertikal-betonte Angleichung der »Maschen« in der Gothik

Zu bester Lesbarkeit vereinte Formvariationen heutiger Antiqua-Schriften

nen bis zur Lese-Norm der heutigen Welt hin zugeschliffen wurde.

Diese Illustration möchte den Leser dazu auffordern, sich auch beim Betrachten anderer bildnerischer Gestaltungen (also nicht nur Schrift) zu diesem Ansichtswechsel zu zwingen, denn das Urteilsvermögen wird in jedem Fall intensiver sein. Zurückkommend auf die Architektur kann gesagt werden, daß der Raum zwischen den Wänden, Fenstern, Säulen qualitätsbestimmend ist. Der edelste Marmor mag unbedachten Raumproportionen kaum zur Schönheit verhelfen,

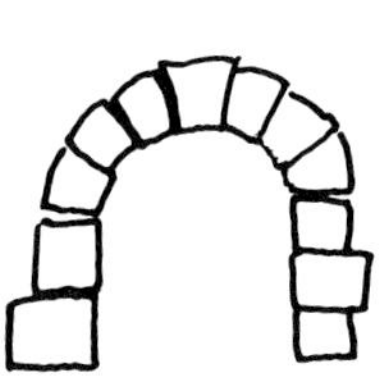

Form durch Materie

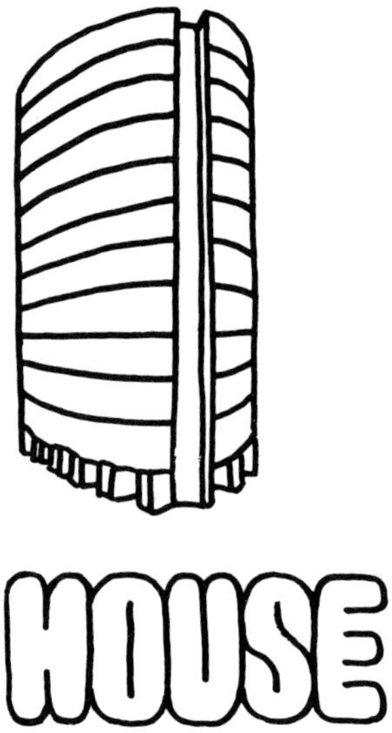

Formfreiheit durch neue Materialien

während rohe Holzbalken hervorragend gute »wohnliche« Raumproportionen zu umgrenzen wissen. *Die Kunst liegt nicht im Material, sie liegt dazwischen.*

Das gut genutzte Material ist oft eine Hilfe, die richtigen Proportionen der Räume zu finden. Deshalb sind Gegenstände alter Techniken – wie Holz und Stein einerseits, Breitfeder und Stahlstempel andererseits – schön, formal richtig, weil sie innerhalb der materiell begrenzten Möglichkeiten liegen. Heute bieten Beton, Stahl, Glas und Kunststoff – oder im graphischen Sektor Fotosatz und Offsetdruck – Ausdrucksmöglichkeiten »ohne Grenzen« an. Diese »Befreiung« in jeder Hinsicht bildet wohl den Knoten aller Schwierigkeiten der Kreativität unseres Jahrhunderts. Im Grunde genommen suchen wir alle nach neuen »Begrenzungen«, in denen wir aufbauen können, um nicht in einem Leerraum zu verbleiben.

3. Über die Artverwandtschaft der Lettern

Die Schönheit einer Schrift liegt nicht in erster Linie in der Einzelform, sondern vielmehr in der Kombination der einzelnen Zeichen miteinander. Als schönste Schriftseiten gelten diejenigen, auf denen sich alle Buchstaben in bester Harmonie zu einem Ganzen aneinanderreihen. Die Buchstaben an sich erhalten innerhalb eines festgelegten Stils einen ganz bestimmten Gestaltzusammenhang. Die Fette der Striche, die Weite der Innenräume und der Abstände, der Ausdruck von Serifen und Übergängen etc. sind innerhalb einer Gruppe von 26 Zeichen einheitlich geformt. Diese Gestalt-Einheit erlaubt ein unendliches Kombinieren aller Zeichen, zum Ausdruck aller Worte, aller Sätze, aller Sprachen. (Der Fachmann bezeichnet diese Beziehung als »Korrelation«.)

Gemeinsame Mittelstücke

Als schematisches Beispiel, zur Verdeutlichung dieses Gesetzes, haben wir ein schmales Grotesk-Alphabet ausgewählt, das in seinem Aufbau ein Maximum an Gleichheiten in jedem Zeichen aufweist. (Der Mittelteil fast aller Buchstaben besteht aus identischen vertikalen Teilstücken.) Auf einem gemeinsamen Raster sind Größe, Fette und Weite theoretisch für das gesamte Alphabet festgelegt. Von den 26 Kleinbuchstaben des Alphabets können 20 daraus abgeleitet werden. Die Großbuchstaben (in diesem Fall sind es Kapitälchen mit kleiner x-Höhe) sind ebenfalls in der Proportion von 17 auf 26 vorhanden, genauso wie 8 von 10 Ziffernfor-

Aufbau-Raster eines Alphabets

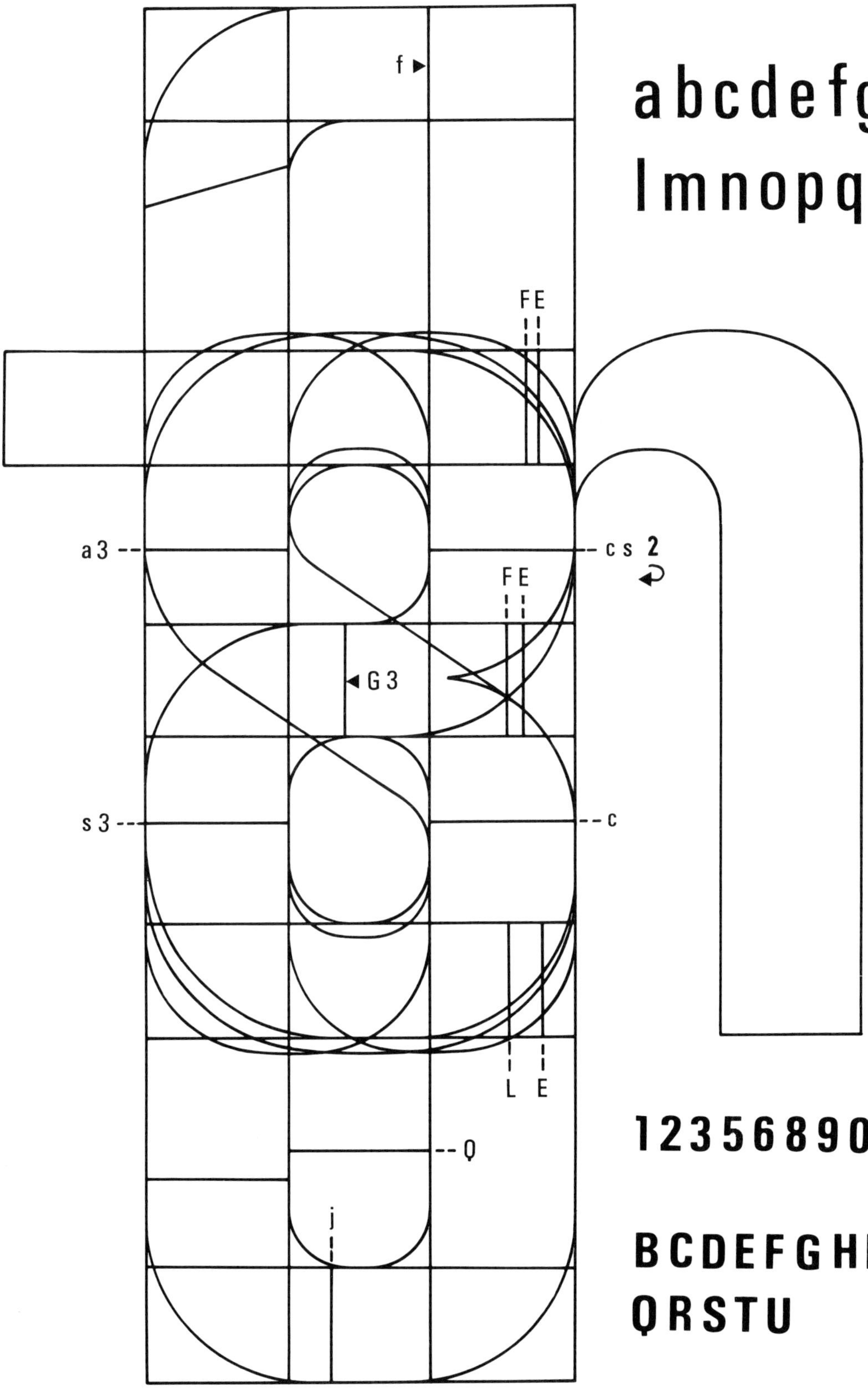

abcdefghij
lmnopqrstu

12356890

BCDEFGHIJLOP
QRSTU

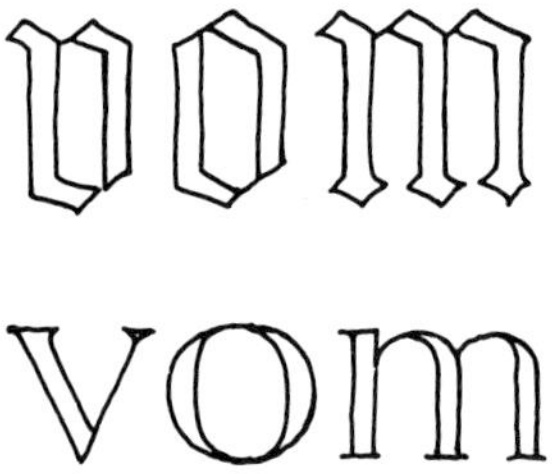

Artgleichheit und Lesbarkeit

men. Der Leser wird bemerkt haben, daß die fehlenden Zeichen diejenigen sind, die schräge Elemente aufweisen. Ein gotisches Kleinbuchstabenalphabet, in dem die schrägen Lettern k, v, w etc. ebenfalls in Vertikal-Zeichen abgewandelt wurden, könnte also theoretisch zu 100 % auf einem einheitlichen Grundraster aufgebaut werden.

Im Gegensatz zu diesen extrem vertikal-betonten Alphabeten ist der Grundraster eines normalen, für die Lesbarkeit optimalen Alphabets etwas komplizierter angelegt. Da unterscheiden sich zum Beispiel alle runden Buchstaben deutlich von den geraden, und als dritter Formkontrast werden die Schrägbewegungen harmonisch mit einbezogen.

Bei der Gestaltung eines Alphabets ist der Verwandtschaftsgrad zwischen den Buchstabenzeichen klar zu definieren. So können beispielsweise in einer Groteskschrift verschiedene Stufen von Formanpassungen erzielt werden.

Vier Stufen
von Art-Verwandtschaft

Im nebenstehenden Beispiel steht an erster Stelle eine schmale, sehr vertikal-betonte Version, in der selbst das v in den Vertikal-Raster gedrängt wurde. Diese Schrift zeigt wohl ein sehr harmonisches Gesamtbild, kann aber nur in großen Graden als Titel-Schrift verwendet werden, in Textgrößen würde sie durch schwache Form-Differenzierung unlesbar.

An zweiter Stelle steht ebenfalls eine schmale Schrift, in der jedoch die Schrägen vorhanden sind und das o leicht zum Oval ausgeformt ist.

Die dritte Zeile ist eine Grotesk mit gewohnter Formanlage, in der die einzelnen Zeichen gut differenziert sind und dennoch untereinander eine klare Artgemeinschaft bilden.

Am vierten Beispiel wird deutlich, daß die sehr krassen Unterschiede zwischen dem geometrisch dreieckigen v, dem mit dem Zirkel geschlagenen o und dem vertikal-betonten m einen formal zu großen Abstand bilden und im Textbereich durch die Aggressivität der Einzelformen eine fließende Aufnahme des Wortbildes behindern.

Ungenügende
Artverwandtschaft

Die Feinabstimmung der Buchstaben zu einer kontrastreichen, aber art-verwandten Gemeinschaft bildet das Geheimnis einer guten Textschrift. Es kommt nicht von ungefähr, daß aus den oben angeführten vier Beispielen das dritte in den bekannten Groteskschriften (Folio, Helvetica, Univers etc.) die weiteste Verbreitung erlebt.

VII Die manipulierte Schriftform

Aus den verschiedensten Gründen, zu sachbedingten oder rein ornamentalen Zwecken, wurde der Grundtyp der Schrift immer wieder *willentlich* verändert, manipuliert. Diesen Abweichungsvorgang möchten wir deutlich in zwei klar unterschiedliche Gruppen trennen.

seitlich gedrängt

vertikal gedrängt

Die erste besteht nur in einer sogenannten Variation oder *Dehnung,* in der die Grundform stets erkennbar vorhanden ist und in der sich nur die Ausmaße des Zeichens proportional verändert haben. So drängen seitliche Begrenzungen die Schrift zu engerem Ablauf, zum Beispiel in Zeitungstiteln oder auf Signaltafeln, während horizontal-betonte Unterlagen wie Frontbalken, lange Mauern etc. die Buchstaben zur Raumfüllung eher in die Breite ziehen.

Die zweite Art Abwandlung liegt meist in einem Schmükkungsprozeß oder in der Annäherung der Buchstaben an eine bildhafte Darstellung. Als Beispiel führen wir eine Initiale aus einem irischen Manuskript an, deren Lesbarkeit nur noch aus dem Zusammenhang mit den angeschlossenen Buchstaben des ersten Wortes erkennbar wird.

Irische Initiale

1. Die rein proportionalen Variationen

a Die Weite

Der Weitenlauf der heute allgemein verwendeten Textschriften hat sich durch einen jahrhundertelangen Gebrauch zu einer ganz bestimmten Proportion herausgebildet. Diese »Normal-Silhouette« ist durch das Verhältnis zwischen den schwarzen Vertikal-Abstrichen einerseits und den dazwischenliegenden Weißräumen (Buchstaben-Innenräumen und Buchstaben-Zwischenräumen) andererseits gegeben. Dieses Verhältnis gibt einer Schrift den Duktus, der in der Fachsprache als *Weite* bezeichnet wird.

Zur bildlichen Erklärung dieser Norm und der daraus entwickelten Variation müssen wir uns auf das Bild eines einzigen Buchstabens beschränken; wir wählen das H seines einfachen Aufbaus wegen. Alle anderen Buchstaben innerhalb eines Alphabets sind in bezug auf diese H-Form proportioniert und nach dem im vorangegangenen Kapitel beschriebenen Gesetz der »Artverwandtschaft« zu einer Gesamtheit koordiniert.

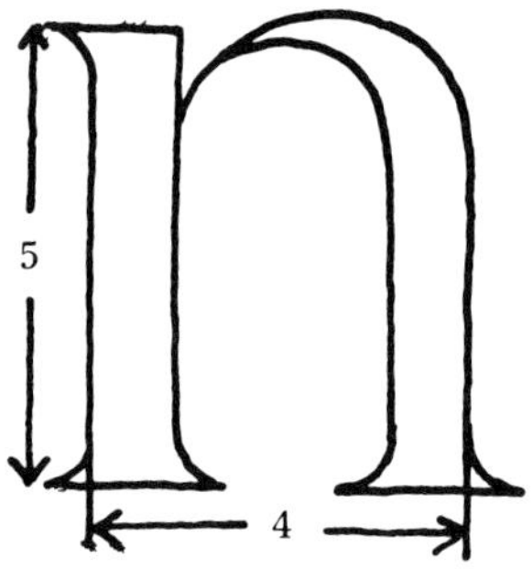

Die Silhouette eines H wird vom Textleser dann als »normal« empfunden, wenn seine Breite etwa ein Fünftel schmäler ist als seine Höhe. Mit anderen Worten kann gesagt werden, daß der Grundraster eines Normal-Alphabets auf einem hochstehenden Rechteck beruht, ungefähr in einer Proportion von 4 (Breite) zu 5 (Höhe). Übertragen auf das Kleinbuchstaben-Alphabet finden wir im Umriß eines normalen n die gleichen Proportionen. Dabei ist zu beachten, daß die Grund-Silhouette von den fetten Abstrichen beherrscht wird und daß die Serifen nur als stilistisches Begleitinstrument, als »Nebengeräusche« sozusagen gewertet werden können.

Innerhalb eines Schriftstils, einer Gesamt-Schrift-Familie entstehen heute mehr denn je Begleit-Alphabete zum Grundschnitt, die sich vom normalen Weitenlauf entfernen. Auf diese Weise werden »schmale« oder »enge«, aber auch »breite« oder »weite« Versionen entwickelt. In einer Zusammenstellung verschiedener Weiten-Verhältnisse werden die Proportionen zwischen Höhe und Weite dargestellt. Daraus geht hervor, daß zum Beispiel eine Buchstaben-Struktur,

Die Weiten-Verhältnisse

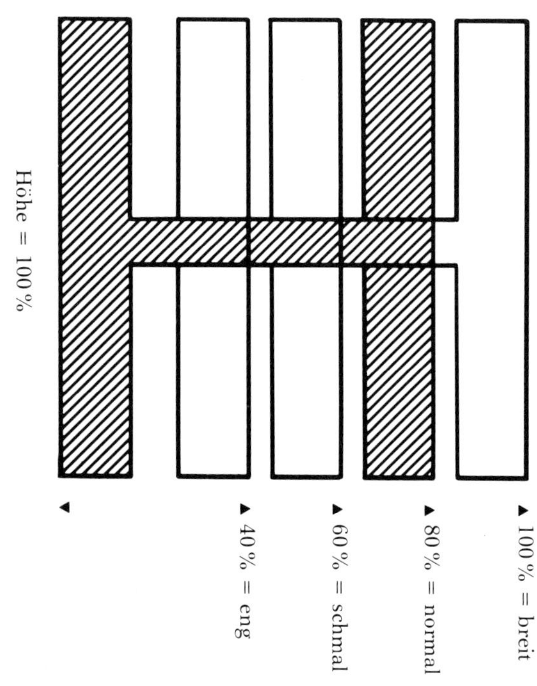

Die Fetten-Verhältnisse

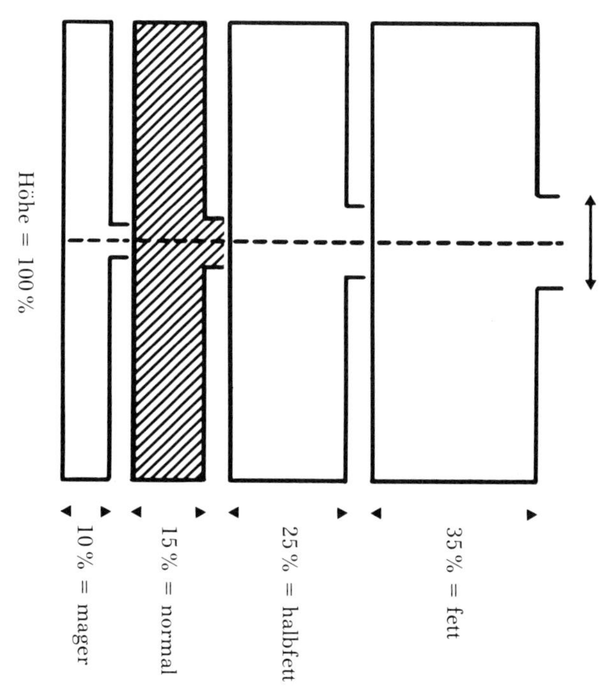

die nur halb so breit ist wie hoch, als »schmal« gewertet wird, während eine auf einem vollen Quadrat aufgebaute (also gleich breit wie hoch) als »weit« bezeichnet wird.

In bezug auf den Weitenlauf einer Schrift wäre es wichtig festzuhalten, daß die Textschriften, also diejenigen, von denen der Leser große Informations-Mengen aufnimmt, zu 99 % *normalen* Weitenlauf aufweisen, während die sogenannten Abweich- oder Variationsschnitte für kurze Informationen wie Titel, Legenden oder Nachschlagewerke (Telefon- oder Adreßbücher) verwendet werden.

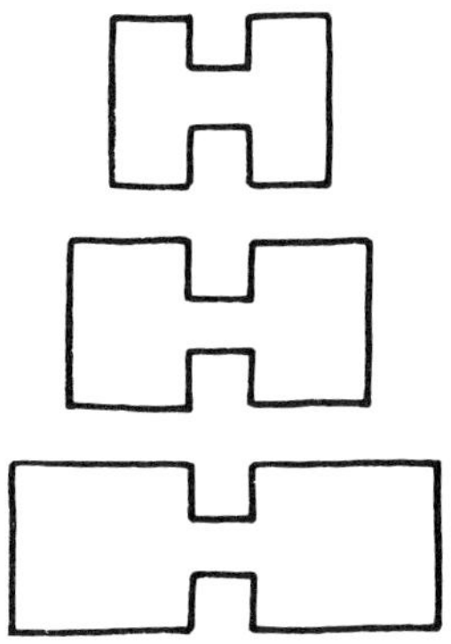

Unbegrenzte Variation der Vertikalen

b Die Fette

Die vertikale Strichstärke, die vom Leser als *normal* empfunden wird, entspricht der schon weitgehend erläuterten Grundstrich-Basis, die wir als »Balken« bezeichnet haben (siehe Band 1, Kapitel V). Ein Versal-I hat in einem Normalschnitt ungefähr eine Fette von 15 % der Schrifthöhe. Das Phänomen »normal« wird auch hier vom Leser mit großer Empfindlichkeit wahrgenommen, denn dünnere Strichführungen werden sogleich als »mager« oder »leicht«, stärkere als »halbfett« oder »fett« gewertet. Sie sind für große Textmengen nicht geeignet.

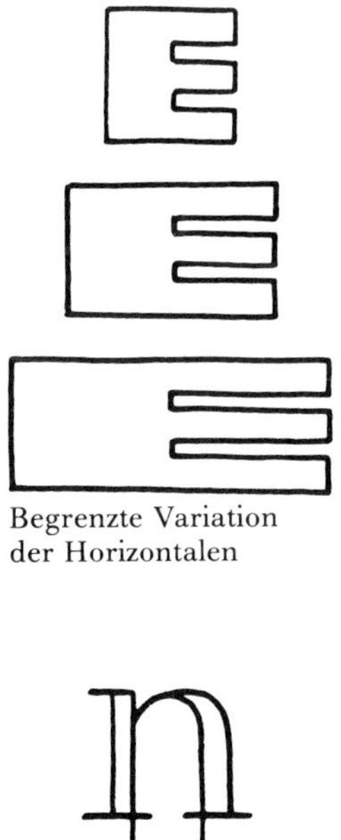

Begrenzte Variation der Horizontalen

Wie jedoch aus dem Schema klar hervorgeht, folgen die Strichstärken der Horizontalen nicht derselben Logik. So sind beispielsweise in den mageren Schnitten einer Groteskschrift die Horizontalen und die Vertikalen fast gleich stark, während in den fetten Schnitten die Horizontalen normalerweise um vieles dünner gehalten werden als die Vertikalen. Einer der Hauptgründe für diese Tatsache liegt im Wesen der linear-horizontalen Anlage unseres Schreibsystems. So ist zum Beispiel die Breitendehnung eines fetten Buchstabens H praktisch unbegrenzt, während die Gesetzmäßigkeit der absolut *identischen Höhen* aller Buchstaben die Strichstärke der drei Horizontalen eines E unweigerlich auf ein nicht überschreitbares Maximum beschränkt.

Dies ist der Grund, warum die Fetten-Variationen unseres Schriftsystems nur als eindimensional bezeichnet werden können, weil sie theoretisch nur in die Breite zu dehnen sind.

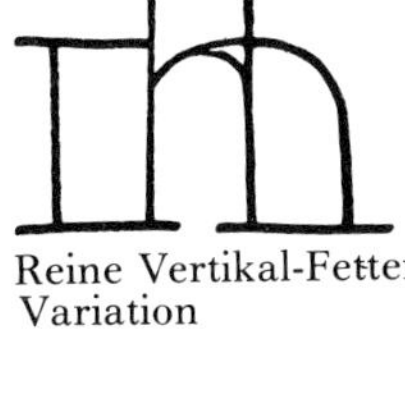

Reine Vertikal-Fetten-Variation

Noch klarer kommt dieses Phänomen zum Ausdruck, wenn wir Fetten-Variationen innerhalb einer klassizistischen Schriftfamilie miteinander vergleichen. Was sich dabei in den Antiquabuchstaben ändert, sind fast ausschließlich die Vertikalen, während die Horizontalen, die Serifen als feine

Übergangslinien wie etwas Statisches, man möchte sagen, wie die sichtbaren Teile eines Skeletts, in ihrer Stärke praktisch unverändert bleiben.

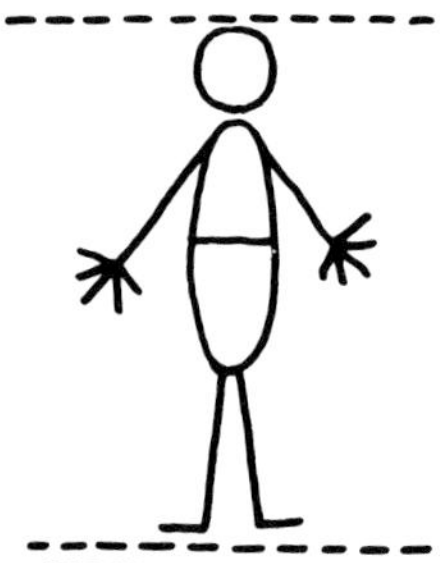

»mager«

»fett«

Als etwas gewagten Vergleich mit der Morphologie einer menschlichen Gestalt könnte man bemerken, daß ein »fetter« Mensch zur Hauptsache am Körper selbst Gewicht ansetzt, daß jedoch die Glieder, hauptsächlich Finger und Zehen, proportional viel weniger zunehmen. Dieser Vergleich scheint auf den ersten Blick etwas obszön. Bei gründlicher Überlegung muß man jedoch eingestehen, daß in unserem Unterbewußten wohl solche Vergleichsvorgänge stattfinden, daß sich die verschiedensten Gestalt-Arten in unserer Bild-Erinnerung nicht immer klar in Gattungen abteilen und daß Analogien von einem Bereich in den anderen übertragen werden. In unserem Fall von der menschlichen Figur auf den Buchstaben. Dieses Thema werden wir in dem Kapitel über den »bildhaften Gebrauch der Schrift« nochmals aufgreifen.

Jedenfalls sind als klare Beweise dieser Gestalt-Vermischungen die verbalen Bezeichnungen »mager« und »fett« zu werten, die vom Bereich des rein figürlichen auf den der abstrakten Gestaltbezeichnung der Buchstaben übernommen werden.

c Die Schrägstellung

Der statische Ausdruck der Normal-Schrift ist auf den Gesetzmäßigkeiten der *vertikalen* Strichführung und einer horizontal-linearen Zeichen-Reihung aufgebaut (siehe hierzu die allgemeinen Erläuterungen über Vertikal, Schräg etc. in Band 1, S. 42 und 49). Als Varianten dieser geradestehenden Normal-Schriften wurden schon seit Beginn der ersten Drucke mit lateinischen Schriften im 16. Jahrhundert sogenannte »kursive« Typen geschnitten, deren gestaltbestimmendes Hauptmerkmal die *schräggestellten* Abstriche waren.

Das Zirkel-Loch im Handgelenk

Selbst im Namen »Kursiv« kommt schon der »kurrente« Charakter der Schreibweise zum Ausdruck, der die nach rechts geneigte Schräglage des Handschriftlichen andeutet. Die Kursiv-Schriften sind von den frühen Buchdruckern übernommene Schriftformen der italienischen Kanzleischriften.

Der Gebrauch einer schräggestellten sogenannten Auszeichnungs-Schrift ist heute im Textsatz zur Norm geworden. (Die Verwendung von fetten Auszeichnungen wird im Bereich des Textsatzes ungern benutzt, da eine Farbänderung den Lesefluß viel stärker unterbricht als ein Strukturwechsel von gerade zu schräg.)

Dem Autor stehen also mindestens zwei »Register« zur Verfügung, in denen er Wörter oder Sätze in dem Bewußtsein *unterstreichen* kann, daß diese vom Setzer in der Auszeichnungs-Schrift, also in den meisten Fällen »kursiv«, gesetzt werden. Dieser Wechsel von gerade zu schräg wird heute auch vom Leser automatisch als Code für »wesentlich« oder »betont« aufgenommen.

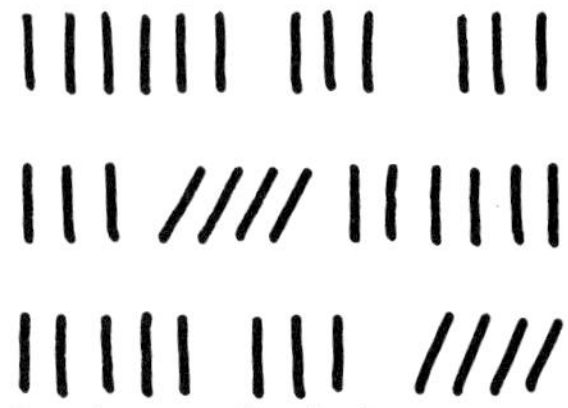
Strukturwechsel als Auszeichnung

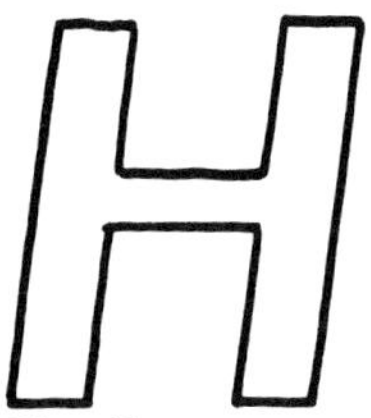
9° steil

12° normal

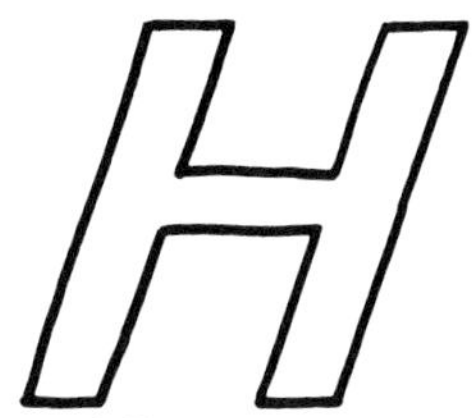
17° fallend

Der gesamte Grauwert des kursiv gesetzten Textes ist dem des geradestehenden gleichgestellt. Der Ausdrucks-Unterschied liegt nur in der Strukturveränderung durch die Schräghaltung, bei den Serifenschriften in der etwas »kurrenteren« Form der Ein- und Ausläufe. Die normale Schräglage beträgt ungefähr 12 Grad. Neigungen von weniger als 10 Grad bieten nicht genügend Unterschied zur Vertikalen, bei über 16 Grad Neigung scheint die Schrift in den Bereich des »Umfallens« zu geraten.

d Die große Schriftpalette

Die vorangehenden Erläuterungen über eine Vielzahl an möglichen Schriftvariationen in Weite, Fette und Schräge deuten klar auf ein Phänomen hin, das als typische Erscheinung des publizistischen Zeitalters der zweiten Hälfte unseres Jahrhunderts zu werten ist.

Jahrhundertelang begnügten sich Schreiber und Drucker zur Fixierung von Gedachtem, von Mitzuteilendem mit einer *einzigen* Schrift, bestehend aus einem Repertoire von Groß- und Kleinbuchstaben, Akzentfiguren, einigen Ligaturen, Satzzeichen und Ziffern. In dieser Ausdrucksbegrenzung liegt wohl ein wesentlicher Grund für die Schönheit, die uns beim Betrachten alter Bücher so stark zu beeindrucken vermag.

a b c d e f g h i j
k l m n o p q r s t
u v w x y z
ß & § %
A B C D E F G H
I J K L M N O P
Q R S T U V W
X Y Z
1 2 3 4 5 6 7 8 9 0
. , : ; - ( ) ' « » / – ? !

Das typographische Repertoire

Baskerville
Baskerville
Baskerville

Das klassische »Triptychon« des Typographen

Die Buchtypographie begnügt sich mit dem zu einem gewissen Standard gewordenen »Triptychon«, das aus folgenden Schnitten innerhalb eines gegebenen Stils besteht:

1. Normale Grundschrift für den Text
2. Kursive Schrift für »Unterstrichenes«, auch für Untertitel
3. Halbfette Schrift für Hervorhebungen verschiedenster Art, Titel etc.

Diese drei Erscheinungsbilder der Schrift bilden gewissermaßen eine typographische Grundeinheit, eine zur Norm gewordene Auswahl von drei Ausdrucksmöglichkeiten für literarische Typographie.

sparsam
kräftig
spontan
gedrängt
schwer
zuverlässig

Schlagwort – Schlagzeile

Mit dem technisch-wirtschaftlichen Aufbruch des zwanzigsten Jahrhunderts ist für die Typographie das Zeitalter der Publizität angebrochen. Dem Gestalter von Anzeigen, Prospekten, Plakaten genügt die klassische Schriftauswahl nicht mehr. Das *Schlagwort* muß seinen Ausdruck in der *Schlagzeile* finden, der verbale Ausspruch verlangt einen graphischen Slogan, und dazu reicht die klassische Typographie nicht mehr aus. Um den werbenden Textinhalt visuell zu unterstützen, verändert sich der Schriftausdruck bis in den Bereich aller Dehnungsmöglichkeiten, die sich von *ultra mager eng* bis zu *extra fett breit* zu erstrecken vermögen.

Dieses Manipulationsbedürfnis der Schriftform führt den Gestalter von Schriften auch zu ganz neuen Überlegungen. Es geht nicht mehr nur darum, die Einzelform des Buchstabens zu gestalten, sondern im Grundriß muß von Anfang an das Schema der Erweiterung auf die Vielfalt an Versionen einbezogen sein.

Das rein »Duplizierende« dieses neuen Zeichnungsvorgangs führt die Gestaltung von neuen Schriftgarnituren fast gezwungenermaßen in den Bereich des Computers. Die Resultate, die mit Hilfe einer computergesteuerten Zeichenmaschine erzielt werden, sind erstaunlich gut, solange sie vom kritischen Auge des Schriftfachmannes gelenkt werden.

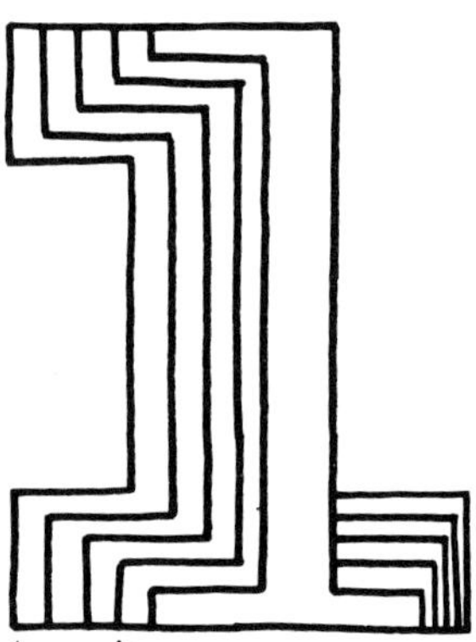

Ausweitung zum Zeichen-Schema

Dieser Aufbruch zur Vielfalt an Schriftvariationen ist nicht zuletzt das Resultat der so rasch aufkommenden Fotosatztechnik, die es erlaubt, ja, die fast danach verlangt, die Schriftenpalette immer stärker zu erweitern, da die Herstellungskosten eines Schriftträgers in keinem Vergleich zu den Kosten stehen, die für die Herstellung eines neuen Blei-Matrizensatzes einstmals erforderlich waren. Außerdem stehen in den meisten Fotosetzmaschinen dem Setzer 8, 12, 16 und mehr Alphabete in direktem Zugriff.

Die ästhetische Qualität der modernen Typographie ist durch diese Vielfalt von Mischungsmöglichkeiten der Gefahr ausgesetzt, in ungeschulten Händen bild-chaotischen Satz zu erzeugen. Je reicher die Materie wird, desto disziplinierter muß deren Handhabung gemeistert werden.

Der Gestalter einer neuen Textschrift steht heute nicht mehr vor der alleinigen Aufgabe, die Buchstabenformen einer einzigen Alphabetreihe zu entwerfen, wie etwa ein Architekt die Wohnräume eines einzelnen Einfamilienhauses festlegt. Die Konzeption einer Schrift der Gegenwart besteht vielmehr in der eher flächenhaften, ja fast räumlichen Planung einer ganzen Schrift-Familie, die sich ins Vielfache gliedert. Die Buchstabenbilder variieren darin zu bisweilen ungewohnten Gestalten wie »sehr eng« oder »weitläufig«, »hauchdünn« oder »schwerfällig« oder im Bereich der Neigungen von »statisch« zu »zierlich-geneigt« oder zu »schräg-flüchtig«. Das grundlegende Schema einer Schrift gleicht heute deshalb eher einer Landschafts- oder Städteplanung. Die moderne Typographie ist nicht mehr nur dem »häuslichen« Buch gewidmet, sie reicht hinaus in die weiten Gefilde aller menschlichen Tätigkeiten, dazu benötigt sie eine weitausgedehnte Formen-Palette.

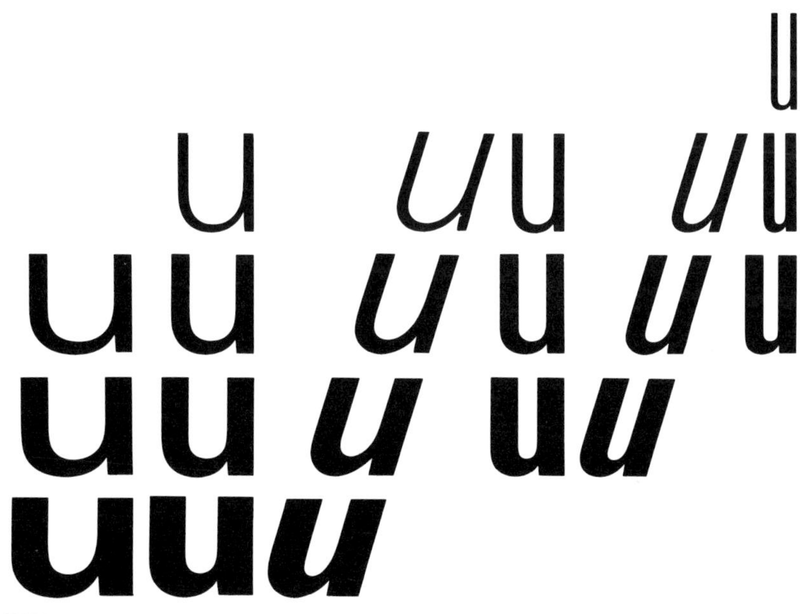

Städteplanung oder chemische Formel?
Gesamtkonzeption einer Schrift-Familie (Univers)

2. Die Abweichung vom Grundtyp

a Die Zierbuchstaben

Die Formabweichungen von der zum Lesestandard gewordenen Grundtype können erstaunlich weit getrieben werden und trotzdem lesbar bleiben, insofern die Bedeutung des Zierbuchstabens im Gesamtzusammenhang der Wort- und Satzkonstellation vom Leser auf die Grundform zurück »entziert« wird.

Der Schreib-Virtuose

Die Kalligraphen in den Klöstern und Kanzleien trieben das freudige Spiel der Schreiberkunst in blühender Weise bis zu individuellen Formgebungen, in denen oft die Schrift als solche nur noch von weitem als tragende Grundlage zu erkennen war. So haben z.B. die gotischen Initialen eine sehr dichte, die Buchstabenfläche ganz ausfüllende Verzierung erlebt. Auch die Kanzleischriften der Nach-Renaissance wurden zu sehr eindrücklichen, virtuosen Strichmanipulationen ausgedehnt.

In der Werkstatt des Kupferstechers findet sich der Einfluß dieser gezierten Schreibkunst in den zur Vervielfältigung in Kupfer gestochenenen Zierschriften wieder. Noch heute werden die gleichen Typen immer wieder gebraucht: ihnen sind ganz bestimmte Anwendungsbereiche angewiesen, und ihr Schriftbild ist in ihrer Erscheinung selbst zum Kommunikationsfaktor geworden. So drückt die sogenannte englische Schreibschrift, die heute auf Visitenkarten, Einladungen etc. immer wieder verwendet wird, die bewußte Botschaft eines erhabenen Standes, auch einer Feierlichkeit aus, die etwa mit dem Tragen eines Abendkleides, eines Frackes verglichen werden kann und deren Erscheinung als Gegensatz zum modischen Trend, als Versinnbildlichung von »klassisch« gewertet wird.

Botschaft einer Feierlichkeit

Die Lithographie hat im 19. Jahrhundert die Kreativität der Schriftgestalt von der technischen Begrenzung der Gravur befreit. Mit Hilfe von Stift, Pinsel, Zirkel, Kreide entwikkelte sich eine neue Art von Schriftverzierung, die nicht mehr aus der fließenden Schreibgeste des Kalligraphen oder aus der Stichelbewegung des Kupferstechers hervorging, sondern vom Intellekt des Zeichners erfunden und zusammengestellt wurde. So entstanden serifenbetonte, aber auch serifenlose Schriften. Die Buchstabenformen erschienen plötzlich in schraffierten, umstochenen und auf vielfältige Weise geschmückten Arten, flächig oder dreidimensional vorgetäuscht, mit zahlreichen Ornamenten ausgelegt etc.

Werkzeugbefreite Lithographie

b Die »Antiquitäten«

Im Verlauf der zweiten Hälfte unseres Jahrhunderts wird nach diesen überschwenglich verzierten Buchstaben immer »gieriger« gesucht, und es projiziert sich darauf eine Art nostalgischer Fixierung. Die alten verzierten Typen werden »ausgegraben«, überarbeitet und für die neuen Fotosatz- und Anreibe-Techniken aufbereitet. Die negative Bewertung von »veraltet« trifft hierbei nicht mehr zu, im Gegenteil, es scheint, daß die Wertstufung »Antiquität« auch im Schriftbereich Einzug hält.

Nostalgie

Zu diesem Thema ist natürlich zu bemerken, daß es sich bei der »Schrift-Antiquität« stets nur um einen quantitativ kleinen Anwendungsbereich handeln kann: für kurze Titel, Display-Typographie etc. und nicht für ganze Textabschnitte. Mit anderen Worten: Wenn auch »antique« gewohnt werden kann, so wird man doch niemals mehr »antique« in großen Mengen lesen.

c Die »figürlichen« Buchstaben

Schon in mittelalterlichen Manuskripten findet man bei ausgemalten Initialen vielerlei Beispiele, in denen sich figürliche Darstellungen einer Buchstabenform annähern.

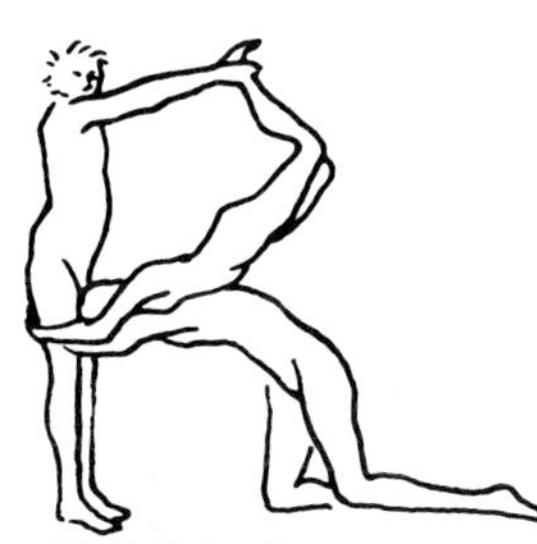

»Figürlich« Letter

Dieses virtuose Spiel der Vereinigung einer abstrakten Aussage (Letter) und einer figürlichen Darstellung (Pflanzen, Tiere, Menschen) hat viele Illustratoren der letzten zwei Jahrhunderte zur Gestaltung von »figürlichen« Alphabeten gereizt. Die meisten dieser Alphabetblätter sind heute zum großen Vergnügen einer breiten Leserschaft neu ediert worden. Es ist sicherlich so, daß diese Initialen meist einen humoristisch-karikaturistischen Effekt auslösen, da eben Buchstaben an sich doch etwas Ernstes sind im Gegensatz etwa zu figürlichen Gestalten, die »um der Letter willen« gekrümmt oder verzerrt worden sind.

An Gegenwartsbeispielen »figürlicher« Alphabete – entstanden aus einer psychologischen Zonen-Vermischung von Letter und Objekt – fehlt es zur Zeit nicht. Als treffendes Schrift-Erlebnis der siebziger Jahre möchten wir nur das Beispiel des Würstchen-Alphabets erwähnen, das diesen (vielleicht ganz gesunden) »Schrift-Entheiligungs-Akt« bezeichnend illustriert.

Auswuchs

d Die Schriftformen der Zukunft:

Umwelt-»Beschriftung«

Vom Strich zum Volumen

»Gebaute« Letter

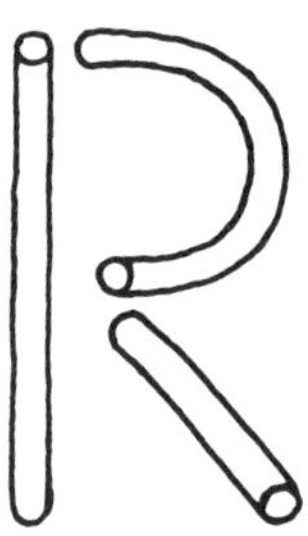

Leucht-Buchstabe

Im Verlauf unseres Jahrhunderts hat die Schrift den alleinigen Bereich des Gedruckten verlassen: sie wird für Zwecke der Wegweisung, der Reklame benutzt, sie ist zu Teilen des Umwelt-Bildes geworden.

Diese Umwelt-Schriften haben sich gezwungenermaßen von der reinen zweidimensionalen Schreib- und Druckweise gelöst und sind in den dreidimensionalen architektonischen Ausdrucks-Bereich eingedrungen. Durch das *Plastisch-Werden* haben sich die Buchstaben vom einstigen Schreib- oder Gravier-Instrument, also vom rein Strichhaften, auf eine bestimmte Weise *formal losgelöst,* haben sich vereinfacht und verändert. Die Buchstaben werden heute als dreidimensionale Körper aus den verschiedensten Materialien gebaut. Schriftzüge werden zusammengezogen aus geraden und gebogenen Leuchtröhren. Schrifttafeln aller Dimensionen im grellsten Farbenspiel bestimmen heute das Bild der täglichen Umgebung, in der Stadt wie in der Landschaft.

Im Gegensatz zur Drucksache, auf der das Geschriebene nach Wunsch und Wahl vom Leser in sein Gesichtsfeld gerückt werden kann, sind die architektonischen Beschriftungen dem Menschen hemmungslos aufgedrängt als Bestandteil seiner Umwelt. Je nach Gestaltung dieser Beschriftungs-Elemente können sie, fast im Sinne einer Ornamentik, als Bereicherung des Landschaftsbildes erscheinen oder – im Gegensatz dazu, in schlechter Form – als »Bild-Lärm« aggressiv und in diesem Sinne als umwelt-unfreundlich erlebt werden. Eine realistische Wertstellung über dieses Problem aufzustellen, wird unserer Generation nicht möglich sein, da wir kaum begonnen haben, die von uns selbst inszenierten Umwelt-Beschriftungen aus einem sehr geringen zeitlichen Abstand kritisch zu beurteilen.

Digital-Anzeige

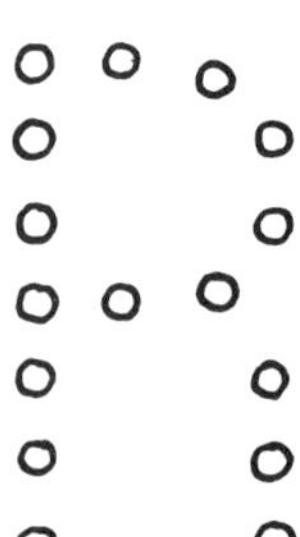

Lampen-Schrift

Im Bereich der Signalisationsbeschriftung unterscheidet man einerseits die festen Informationen, und andererseits die beweglichen, sich ändernden Anzeigen. Diese letzteren sind auf dem Prinzip des Erscheinens und Verschwindens einer Information an ein und derselben Stelle aufgebaut. In den letzten Jahrzehnten sind verschiedene Lösungen zu dieser komplexen Aufgabe vorgeschlagen worden. In großformatigen Anlagen erschien beispielsweise das Zeichen auf einem Rastergrund in einfacher punktierter Liniengebung durch Aufleuchten von programmierten Zellen- oder Lampenschemata.

Für Informationen in mittlerer Größe wird heute ein sehr erfolgreiches System angewendet. Es besteht aus umklappbaren Lamellen, auf denen Buchstaben und Ziffern in einer relativ gut gezeichneten Form erscheinen.

Im Bereich des Klein-Signals wird mehr und mehr die Übertragung der Information mit Hilfe einer Fernseh-Anlage vorgenommen. Die Schriftzeichen erscheinen hierbei auf der Kathodenröhre in der normalen Linienauflösung, die dem Schriftbild zur optimalen Lesbarkeit wiederum neue Formbegrenzungen aufdrängt.

Als letzte Art von Digital-Anzeige wäre das Sieben-Stab-Schema zu erwähnen, das vor allem als sichtbare Endausgabe von elektronischen Zählwerken auf dem Gebiet der Zahlen-Zeichen Verwendung findet. Mit Hilfe eines reduzierten Schemas von sieben Codes (drei horizontalen und vier vertikalen Strichen) können durch alleiniges Weglassen einzelner Striche sämtliche Ziffern, wenn auch in einer sehr stilisierten, verarmten Formgebung, auf rein elektronischem Wege angezeigt werden. Die elektronische Rechenmaschine hat diese Ziffernform bereits bei einer großen Verbrauchermasse eingeführt. Die digitale Zeitanzeige auf dem Zifferblatt der elektronischen Uhren ist ebenfalls im Begriff, die viel bildhaftere Winkel-Zeichensprache der sich drehenden Uhrzeiger zu verdrängen. Dieses Thema der Form-Vereinfachung durch elektronische Digitalschemata werden wir im Kapitel der Ziffern noch näher betrachten.

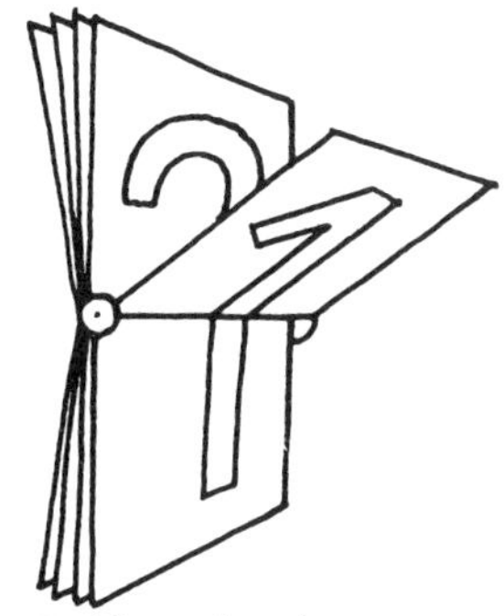

Umklapp-Anzeige

Kathoden-Röhren-Schrift

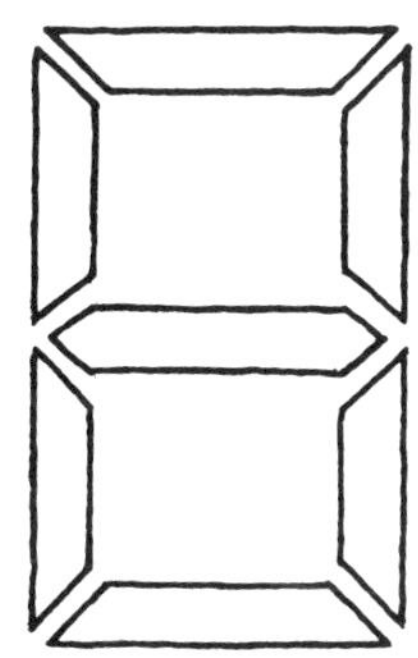

Muß es so simpel sein?

Wird die Winkel-Zeichensprache der Uhrzeiger verschwinden?

Morgen Mittag Abend

Versuche extremster Vereinfachung

Eine graphische Tendenz zu extremster Buchstaben-Vereinfachung, jedoch nicht im Sinne einer stenographischen Schrift, sondern in der Reduzierung der Formenauswahl, hat

Reduzierung der Formenauswahl auf den Grundraster eines Quadrates

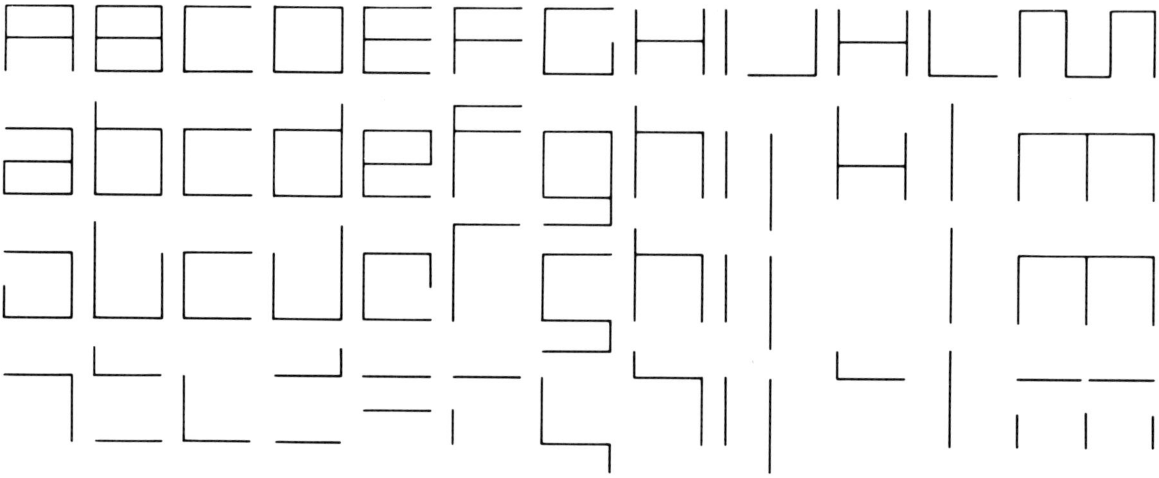

in letzter Zeit zu mancherlei neuen Versuchen geführt, die alphabetischen Zeichen auf irgendeine Art weiter zu vereinheitlichen. Sozusagen als Lehrbeispiel bilden wir zwei lapidare Entwicklungen von rein geometrisch konstruierten Alphabeten ab.

Im ersten Beispiel wurde versucht, das gesamte Alphabet aus einer quadratischen Form abzuleiten. Dabei kann eine Erkennbarkeits-Stufung festgestellt werden, in der alle von Grund auf rechtwinkligen Zeichen, wie E, F, H, T etc., einwandfreie Formen aufweisen. An zweiter Stelle stehen halbrunde Buchstaben, wie etwa C, G, P, S oder U, deren Lesbarkeit zur Hauptsache auf der Öffnungs-Richtung der Innenräume basiert und die deshalb leicht erkannt werden. Schwer erkennbar werden Zeichen, deren Grundformen typisch oblique sind, wie M, N, Z. Unmögliche Resultate entstehen bei B, D, R, da es sich hier um asymmetrische Zeichen mit einseitiger Rund-Betonung handelt.

Das Kreisförmige im Kleinbuchstaben-Alphabet

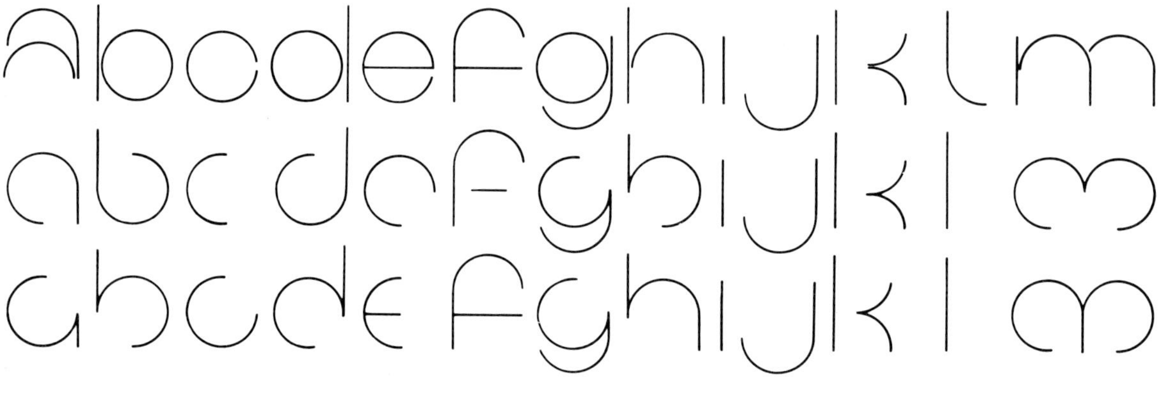

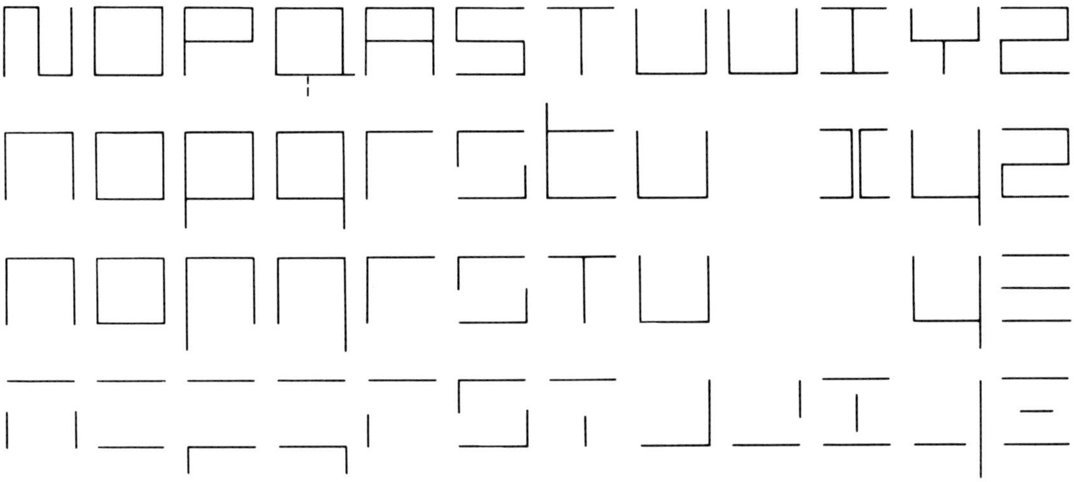

In der zweiten Reihe steht der gleiche Versuch mit dem Kleinbuchstaben-Alphabet. Die Kommentare für die Großbuchstaben gelten auch hier. Zu beachten ist, daß das Vorhandensein von Ober- und Unterlängen das Zeichen-Erkennen erhöht, ebenfalls die Tatsache, daß im Kleinbuchstaben-Alphabet weniger symmetrische Formen enthalten sind. Wirklich unlesbare Kleinbuchstaben sind in diesem Beispiel nur die Schrägen. Die zwei letzten Reihen sind Versuche weiterer Vereinfachungen, um die Schriftzeichen bis zum Grad der Unlesbarkeit zu reduzieren, indem das Zeichen dann nur noch zum rein dekorativen Element wird.

Als zweites Beispiel im Sinne einer Formreduktion der Buchstaben sind auf einer weiteren Tafel Alphabet-Versuche gezeigt, die aus dem Kreis aufgebaut sind. In dieser Zusammenstellung wurde das Großbuchstaben-Alphabet bewußt weggelassen, da es sehr schwer »rund« auszudrücken ist, während die Kleinbuchstaben im Durchschnitt doch eine

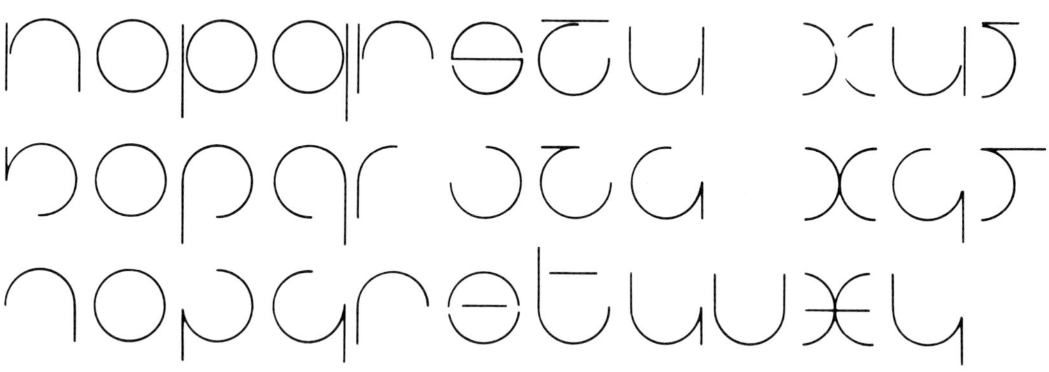

Mehrzahl von Zeichen aufweisen, die auf Rundungen basieren. Diese Feststellung ist ein weiterer Beweis dafür, daß die Entwicklung von Groß- zu Kleinbuchstaben über die kurrente Handschrift erfolgt ist, da die runde Formgebung dem handschriftlichen Fluß viel näher liegt als das Majestätische zusammengereihter Geraden.

Der Graphiker greift, vor allem beim Entwerfen von Schriftzügen, gerne solche vereinfachten Formen auf. Diese Tafeln sollen in rein theoretischer Weise veranschaulichen, wo die Grenze der Lesbarkeit zu liegen scheint. Das Thema »Trend zur Unlesbarkeit« werden wir im weiteren noch kurz aufgreifen.

Wir möchten das Thema »Schrift-Vereinfachung« nicht abschließen, ohne auf eine eigenartige formale Tatsache hinzuweisen, die dann ins Auge fällt, wenn man zum Beispiel die Figur eines binären Lochband- oder Lochkarten-Codes mit derjenigen eines Schriftfragments einer Keilschrift-Tafel aus Sumer vergleicht. Zwischen beiden Schriftfixierungs-Systemen liegen mindestens 4000 Jahre menschlicher Zivilisation, wobei noch zu bemerken wäre, daß die Keilschrift vom Leser direkt erkennbar war, während der heutige elektronische Code einer komplexen Maschinerie bedarf, um erfaßt zu werden.

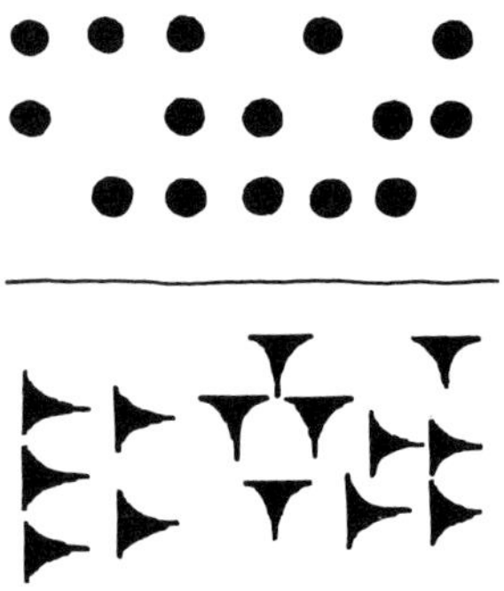

4000 Jahre Kultur?

Dieser Vergleich ist aber nur als Randbemerkung zu betrachten, da er vom rein Graphischen her ein interessantes Objekt darstellt. Vom Intellekt her handelt es sich bei Binärzeichen um weit mehr als nur um Lautzeichen. Sie bilden die Grundlage eines Werkzeuges zur Verarbeitung umfangreichster Daten, die mit der Denkweise des Altertums nicht vergleichbar sind.

Automatisches Lesen

Die Informatik ist im Begriff, Riesendimension anzunehmen. Die Quantität des zu verarbeitenden Textmaterials wächst unaufhörlich. Die Funktion der Computer beruht auf dem Binärsystem. Alle Eingaben müssen deshalb in Codes umgewandelt werden (Lochkarten, Loch- oder Magnetbänder etc.). Diese »Übersetzungsarbeit« kann im Prinzip nur von einer menschlichen Arbeitskraft vollzogen werden, die die schriftlichen Eingaben zu erkennen vermag.

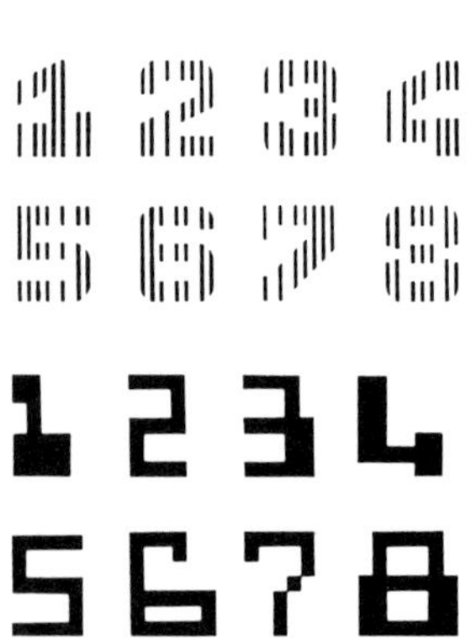

Stilisierte Computerschriften

Den Technikern lag nun nichts näher, als eine Schrift zu finden, die *zugleich* von Mensch *und* Maschine gelesen werden konnte. So sind die sogenannten OCR-Schriften (Optical Character Recognition) entstanden.

Die ersten automatisch lesbaren Schriften waren graphisch aufs äußerste vereinfachte, für die geometrischen Gesetze des Leseautomaten »stilisierte« Schriften, die mit ihrem Auftauchen in der breiten Masse der Leserschaft sicher eine tiefgehende innere Reaktion ausgelöst haben müssen. Die Verunstaltung einer familiären Gestalt wie die unseres Schriftbilds wirkte revolutionär, vielleicht auch unheimlich, wie etwa das fast zum Symbol für Zukunfts-Angst gewordene Erscheinungs-Bild eines Roboters.

Symbol einer Zukunftsangst

Die ersten, im Volksmund sogenannten »Computerschriften« sind technisch längst überholt, denn die neuesten Lesemaschinen sind inzwischen in der Lage, die komplexen Formen der klassischen Buchstaben fast fehlerlos zu erkennen. Die Konzeption einer unstilisierten OCR-Schrift (B) hat die »Roboter«-Schriften abgelöst, womit die Gefahr einer Verzerrung der Schrift auf diesem Gebiet schon überbrückt ist.

Roboter-Schriften

Trotzdem hat sich in dieser kurzen Periode des Auftauchens jener abwegigen Schrifttypen ein Stil manifestiert, der für die Zeit der 60er und 70er Jahre charakteristisch bleiben wird.

Bis zur Unlesbarkeit

Daß Schrift als geistiger Ausdruck einer bestimmten Epoche zu werten ist, bezeugen Schrifttypen, die wir heute in Graphitis, auf Mauern, Plakaten, aber auch in Abreibefolien »miterleben«. Es sind Zeichen, die wohl noch das Alphabetische im Hintergrund tragen, deren Ausdruck sich jedoch an der Grenze des Unlesbaren befindet. Es sind Gegenwarts-Schriften, in denen eine offensichtliche Provokation an die herkömmliche Lesegewohnheit latent enthalten ist.

Bis zur Unlesbarkeit

Diese Anti-Lese-Reaktion und ihre Bedeutung exakt zu beurteilen, fällt uns jetzt noch schwer. Vielleicht geht aus dieser heute noch als dekadent gewerteten Bewegung in Zukunft etwas grundlegend Neues hervor.

e Schrift-Bild und Bild-Schrift

Bezogen auf das Thema »Abweichung vom Grundtyp«, wurde schon in den vorhergehenden Betrachtungen eine Tendenz sichtbar, die im Schreiber zugleich den Zeichner erkennen läßt. Diese Tendenz ist wohl durch die absolute Abstraktheit der Buchstaben und deren rein mechanischen Gebrauch zur Gedankenfixierung motiviert.

Bekannte Lyriker haben immer wieder versucht, durch bildhafte Anordnung des Textes das harte, konventionelle Satz-Gitter zu brechen. Die sogenannten »Kalligramme« von Apollinaire, Morgenstern u.a. zeugen von dieser Haltung, die Schrift wieder Bild werden zu lassen. Auch der typographische Gestalter gerät in Versuchung, die strengen linearen Satzregeln einmal zu sprengen und den Inhalt eines Textes auf der Fläche bildhaft zu interpretieren.

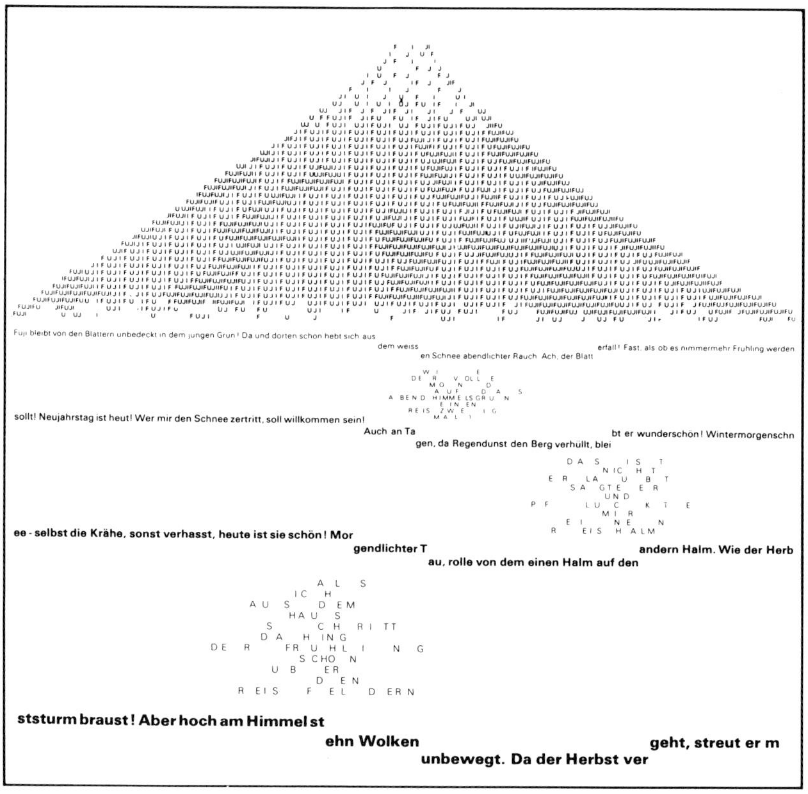

Typographisches Kalligramm (Bruno Pfäffli)

Versteckte Träume

Wer hat nicht schon selbst einmal probiert, bei der Titelzeile einer Zeitung beispielsweise dem O den Wert eines Buchstabens zu entziehen und durch naives Einsetzen von Augen, Nase und Mund daraus ein Gesicht zu machen? Ein hartes Y wird so sehr leicht, nur durch Hinzufügen einer Linie und einiger kleiner Kreise, zum Sektglas.

Solche Spielereien mit Schrift liegen genau in dem Grenzbereich, auf dem das Schriftbild, das im Leser zur unterbewußten »Substanz« geworden ist, in den Bereich des Bewußten, des Bildhaften gehoben wird.

Derartige Doppelbedeutungen des Wortbildes können auf verschiedenste Arten ausgeführt werden. Die einfachste und vielfach prägnanteste Methode besteht in einer Umordnung der normalen Buchstaben-Reihung innerhalb eines Wortes. Von der unüblichen Stellung eines Buchstabens ist der Leser in einer ersten Begegnung befremdet, er erlebt dann jedoch im Erkennen des Spiels die Metamorphose, die die Letter zur Figur werden läßt, indem ihm der geistige Zusammenhang vom Inhalt und vom gewohnten Wort-Bild klar wird.

Bildhafte Buchstaben

Durch Verwenden von Buchstabenformen aus unterschiedlichen Schriftarten innerhalb eines Wortes entstehen dann ähnliche Effekte des Bildhaft-Werdens eines Wortes. Eine weitere Art der Bild-Schrift-Verkuppelung besteht in der Auswechslung eines Buchstabens durch ein Objekt-Zeichen. In den nebenstehenden Beispielen ist es interessant, den Lesbarkeits-Grad des Wortes in bezug auf das Wesen des angewandten Objekt-Zeichens und des vermißten Buchstabens zu ermessen. Das Noten-Zeichen wird im Wort »Note« unwillkürlich als N verstanden, während es in der Kombination »Mund« unverständlich bleibt. Gegensätzlich wird der gezeichnete Mund im Zusammenhang mit ...und klar als M identifiziert, während er mit ...ote keinen Sinn hervorzubringen vermag.

Bild und Letter

verständlich

unverständlich

Die direkteste Art, Schriftzeichen zu »verbildlichen«, liegt in der Abänderung des Buchstaben- oder Wortbilds zum Bildausdruck hin. Es entsteht hierbei die stärkste Auseinandersetzung zwischen »sichtbar« und »lesbar«. Dieser Doppeleffekt wird in der modernen Graphik stark ausgenutzt, um beispielsweise ein Firmensignet erinnerungsstark zu gestalten, indem im Beobachter die »Intrige« zwischen der abstrakten Alphabetform und der angedeuteten Bildform angefacht wird.

Der Buchstabe kehrt zum Bild zurück

3. Die Monogramme

a Die Abkürzung wird zur Sprach-Kürzung

Sprach-Kürzung

Ein sehr typisches schriftgebundenes Erscheinungsbild der Gegenwart findet sich in den Abkürzungen, die aus Anfangsbuchstaben von Eigennamen oder aus Wortgruppierungen vielfältiger Art bestehen. Dieser Trend zu einem reduzierten Schrift- und Sprach-Ausdruck ist ein klares Kennzeichen für die Fülle von stets neuen menschlichen Zusammenschlüssen, ob es sich nun um kommerzielle Unternehmen oder um politische, ethische oder soziale Menschen-Gruppierungen handelt. Auch komplizierte technische Bezeichnungen werden mehr und mehr auf die Anfangsbuchstaben der Wörter beschränkt, damit sie schneller ausgesprochen, geschrieben und gelesen werden können.

Dieses Reduktions-Phänomen der Sprache führt zu ganz neuen Kommunikations-Einheiten, die jedoch in ihrer Inhaltsaussage mehr oder weniger auf die Gemeinschaft der Eingeweihten begrenzt ist. Wenn heute die Bezeichnung UNESCO weltweit verstanden wird, trifft dies für BDG nicht zu, da es sich hierbei um eine spezifisch nationale Berufsbezeichnung handelt.

Solche Abkürzungen werden als »Siegel« oder »Monogramme« bezeichnet. Diese sind meist auf die geringste Anzahl von Buchstaben und deren einzeln betonte Aussprache beschränkt und laden den Gestalter zu Zeichen-Kombinationen ein, die nicht mehr unbedingt den schriftsprachlichen Regeln folgen. Sie suchen eher neue, ungewohnte und zu besseren Erinnerungszwecken prägnantere Effekte zu erzielen.

Erinnerungs-Effekte

b Von der Ligatur zum Ornament

Als Beispiel-Folge finden sich auf einer Tafel zusammengestellt wiederum eine Anzahl von H-E-Monogrammen. Die Zeichen sind bewußt rein linear gehalten. Varianten in der Liniengebung, wie fett, umstochen, schattiert etc., würden eine Aufstellung ergeben, die ins Unendliche führte.

Die oberste Reihe rekapituliert nochmals die schon beschriebenen, rein proportionalen Variationen von Groß- und Kleinbuchstaben von eng zu weit. Die zweite Reihe besteht aus je einem Buchstaben H und E, während die weiteren Beispiele aus Buchstabenwiederholungen bestehen, die die Anwendungen noch mehr in das Gebiet des ornamentalen »Siegels« oder »Signets« führen.

Das eigentliche Thema »Signet-Gestaltung« wird im dritten Band unserer Betrachtungen im Kapitel über die Markenzeichen noch eingehender erläutert.

Monogramme sind nach bestimmten Regeln gestaltet.

Als visuelle Zusammenfassung sammeln sich auf einer Tafel einige Art-Beispiele von form-abweichenden Schrifterscheinungen, wie sie gegenwärtig täglich vor dem Leser erscheinen können. Als Zeichenelement wurde immer die Verbindung eines H und eines E verwendet, was im Grundriß dem im Band 1 vorgestellten Leuchterzeichen, hier um 45 Grad gedreht, entspricht.

In den ersten zwei Reihen sind Beispiele gezeigt, in denen der Einfluß der Bildwelt aus der modernen Technologie klar ersichtlich wird. In der dritten Reihe stehen Beispiele, die Gegenstands-Buchstaben versinnbildlichen. In der letzten Reihe finden sich drei Zeichnungen, die sich an der Grenzlinie des Unlesbaren bewegen: hier wird das Buchstabenzeichen nur noch erahnt. Das Zeichen selbst wird dabei eher als reine Abstraktion gewertet.

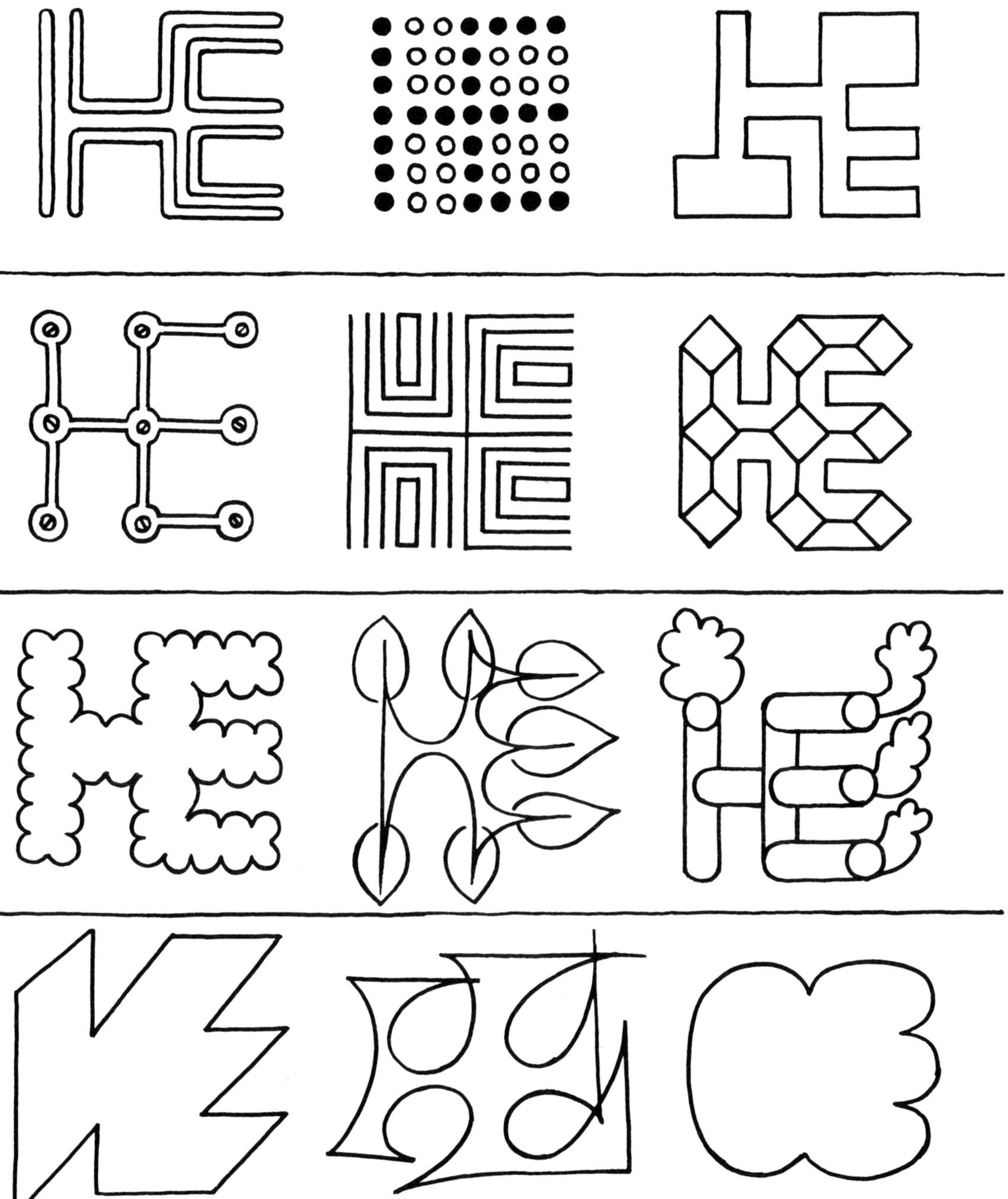

VIII Die Textschrift und ihre Lesbarkeit

1. Die Schrift als weltweites Kommunikationsmittel

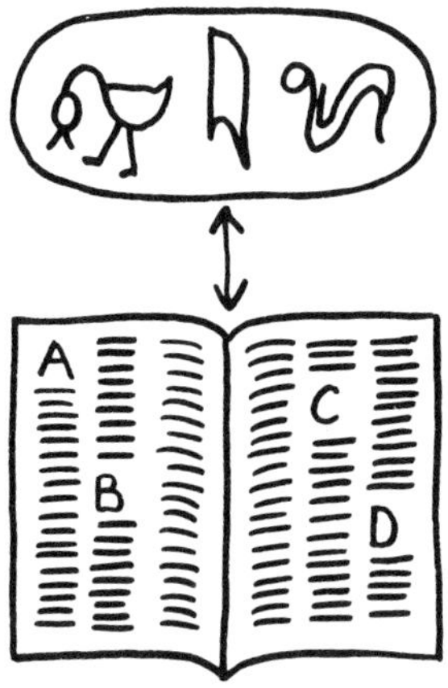

Damals – heute

Lesen und Schreiben war vor 2000 Jahren das Privileg einer ganz kleinen Anzahl von Menschen. Heute ist es ein Anrecht breitester Volksmassen, sich bilden zu können. In diesem Fortgang zur weiteren Verbreitung des Wissens liegt auch die ständig sich verändernde Formgebung unseres Alphabets verankert.

Am Anfang unserer Geschichte ritzte eine starke Hand bildhafte Zeichen in Stein, vielleicht drei oder vier in einer Stunde. Heute werden von elektronischen Maschinen Millionen von Buchstaben pro Stunde gesetzt.

Bei dieser Entwicklung stellen wir zwei Tatsachen fest: Einerseits treibt der immer größer werdende Textbedarf der Menschen die Techniker zur Erfindung von immer schnelleren Satz- und Reproduktionsmitteln, andererseits führt die riesige Verbreitung alles Geschriebenen die Textschriften zu

National-International

einer Formvereinheitlichung. Während vor einigen Jahrzehnten in jedem abendländischen Land noch unzählige verschiedene einheimische Schrifttypen mit »klarer Färbung« gebraucht wurden, erleben wir heute die Kristallisierung der lateinischen Schriftform zu einer internationalen Texttype.

Zeitraffung zwischen Ereignis und Information

Diese Texttype ist zu einem »Gebrauchsmaterial« geworden. Immer wichtiger wird ihre einem bestimmten Komfortempfinden entsprechende Struktur, die vorhanden sein muß, um von der breiten Leserschaft mit geringstem Widerstand in größter Geschwindigkeit aufgenommen werden zu können. Dazu kommt die Tatsache, daß jede Information nur dann einen Sinn hat, wenn sie innerhalb einer bestimmten Zeitbegrenzung erscheint. Der Weg vom Geschehnis zum Leser soll ständig verkürzt werden, ob es sich nun um Presse,

Alte, gerasterte Textwiedergabe

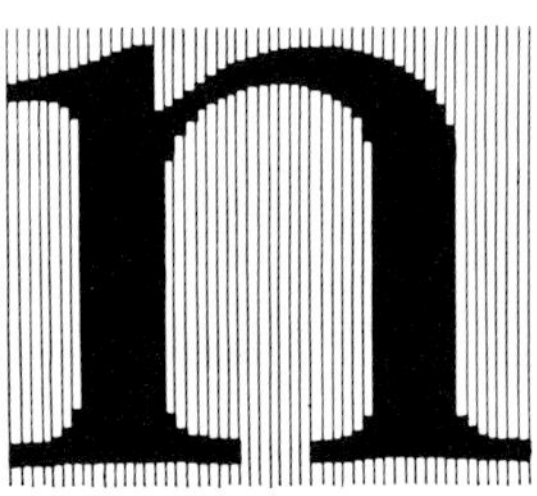

Aufrasterung durch die Kathodenröhre

abcdefghi

jklmnopq

Das Alphabet ist Theorie

ab am

bad bau

bahn

Silben- und Wortbilder

Publizität oder Verlag handelt. Dieser Faktor ist in vielen Fällen ebenfalls mit dem Preis verbunden. Die Information muß billig sein, sei es nun Tageszeitung, Prospekt, Taschenbuch, technisches Nachschlage-Werk oder sonstiges.

Die Schreibtechnik unsereres Jahrhunderts ist aus diesen Gründen durch die steigende Geschwindigkeit der Satzherstellung gekennzeichnet. 500 Jahre lang hat die Technik des Setzens an allem Herkömmlichen festgehalten. Der Bleisatz genügte den Anforderungen des Publizierens vollständig. Erst um 1950 wurden dann neue Techniken der Satzherstellung entwickelt, weil die konventionellen Verfahren die satztechnische Verarbeitung der immer stärker anfallenden Informationsmengen auf die Dauer nicht bewältigen konnten. Die Erfindung des Fotosatzes war daher kein Zufall, sondern eine technische Notwendigkeit, um den Aufgaben der Zukunft gewachsen zu sein.

Die Erneuerung der Satz- und Drucktechniken wirkt sich ohne Zweifel auf den formalen Ausdruck des Schriftbildes aus. Gerasterte Textwiedergaben sowie die neuen Generationen des Lichtsatzes mit digitaler Übertragung des Schriftbildes beeinträchtigen wohl den Formablauf im Detail, das Gesamtbild der Schrift bleibt jedoch gewahrt, und es ist mit Bestimmtheit anzunehmen, daß sich die Satztechnik der Zukunft zu einer noch größeren Verfeinerung der Bildwiedergabe entwickeln wird.

2. Die Schriftform und die Lesbarkeit

a Vom Leseprozeß

Die Buchstaben sind nur als Bausteine der Sprache zu werten. Mit ihnen bildet der Schreiber Silben, Wörter, Sätze. Als Kind, am Anfang des Lesen- und Schreibenlernens, »buchstabiert« man. Erst später ist das Unterbewußte nicht mehr mit Einzelbuchstaben belegt, sondern mit Silben und Wortbildern. Dieser Silben- und Wortbild-Schatz besteht in jedem Leser wie ein tabellenartiges Grundschema. Die Buchstabenverbindungen der Muttersprache sind darin sehr stark eingeprägt, die später angelernten Sprachen schwächer.

Wie präzise diese Silben- und Wortsilhouetten im Leser verankert sind, soll an Hand eines einfachen Experiments erläutert werden.

Die Buchstabenverbindung »on« wird vom Leser als *Ganzheit* wahrgenommen, sie wird sozusagen fotografiert mit *einem Blick.* Danach wird sie mit einem vorhandenen inneren Schema verglichen und verstanden.

Der geringste Fehler an einer heiklen Stelle des o zerstört augenblicklich die Klarheit der Aussage, es entsteht ein Zweifel zwischen o und c, außerdem ist cn *keine* tief eingeprägte Buchstabenkombination, sie hilft also dem Leser nicht als Verständigungsbrücke.

Die heikle Stelle beim n ist die Strich-Endung oben links. Bei der kleinsten Verlängerung der Vertikalen gerät das n in den Bereich der Figur h. Die Vorstellung des h ist noch bekräftigt durch die Erinnerung an das sehr häufig vorkommende Lautbild ch.

Nach diesen Beispielen unausgeprägter Formen bewirkt das richtige Bild des ch in den als normal empfundenen typographischen Proportionen eine Entspannung, da die Zweifel ausgeschaltet sind und das Bild wieder in den Bereich einer bekannten Silhouette gerückt ist.

on

Silben-Bild

cn

c oder o?

cn

n oder h?

ch

Norm-Silhouette

b Die Stufung in der Lese-Motivation

Die Formen der Buchstaben, wie sie sich durch Jahrhunderte hindurch geformt, abgenützt haben, stehen uns heute in verschiedenen Ausdrucksarten als Verständigungsmittel zur Verfügung. Sie können in vier Hauptgruppen eingeteilt werden: die Handschriften, die Schreibmaschinenschriften, die typographischen Textschriften und die Phantasie- oder Titelschriften.

Sicher ist der Leser fähig, in allen vier Bereichen eine schriftliche Mitteilung zu lesen. Seine Bemühung zur Entzifferung des Inhalts hängt jedoch in erster Linie vom Wichtigkeitsgrad des Inhalts ab.

Er wird die Handschrift einer für ihn wichtigen Mitteilung, wenn nötig, mühsam entziffern, da eine einzige falsch interpretierte Buchstabenform den Sinn der Aussage zu verändern vermag.

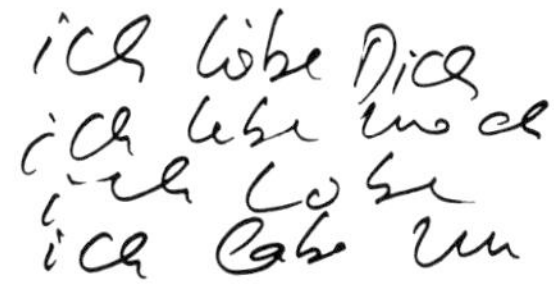

Handschrift

Für Geschäftsbriefe, Mitteilungen, kurze Berichte etc. ist die Handschrift zu individuell, zu stark persönlichen Interpretationen ausgeliefert. Die einfache Schreibmaschinenschrift, selbst mit unvollkommenem Anschlag, ist hier angebracht und wird vom Empfänger anstandslos angenommen. Bei längeren Berichten oder schwerverständlichen Texten ist der Leser dankbar für eine Schreibmaschinenschrift besserer Qualität, das heißt einer solchen mit variablen Weiten. Das Schriftbild nähert sich dabei wieder der perfekten

Although all histor Squanto was decis during the first ye curiously, he is ha United States and	wird deutlich gemacht, Herstellern den Vorteil auch im Fotosatz ver Bildzeitung im Blei- un Schriften hergestellt	La terre de France par la netteté de sa férences de ses régio général de cette div
Schreibmaschine I	Schreibmaschine II	Typographie

Formgliederung des typographischen Schriftausdrucks: das i ist wieder ein schmales, das m ein breites Zeichen.

Kein Verleger würde es auf sich nehmen, vom breiten Publikum gelesene Texte, also Romane, Zeitschriften, Zeitungen etc., in Schreibmaschinenschrift herauszugeben. Auch der Publizist weiß, daß die Beschreibung eines angebotenen Produkts nur in Schrift und Druck bester Qualität eine Chance hat, von der angesprochenen Kundschaft, die nicht unbedingt motiviert ist, gelesen zu werden.

Diese Überlegungen deuten darauf hin, daß die eigentliche vom Leser bewußt oder unbewußt gewünschte Form die typographisch einwandfreie ist. Diese Ästhetik der Wortbilder hat sich am tiefsten in seinem Unterbewußten festgesetzt, aus dem einfachen Grund, weil er Bücher, Zeitungen etc., das heißt den Hauptteil seines Wissens, in dieser Form gelesen, also in sich gespeichert hat, und weil die Ausgeglichenheit der Schrift ihm den größten Lesekomfort bietet.

c Die Form-Synthese der Alphabete (Versuch)

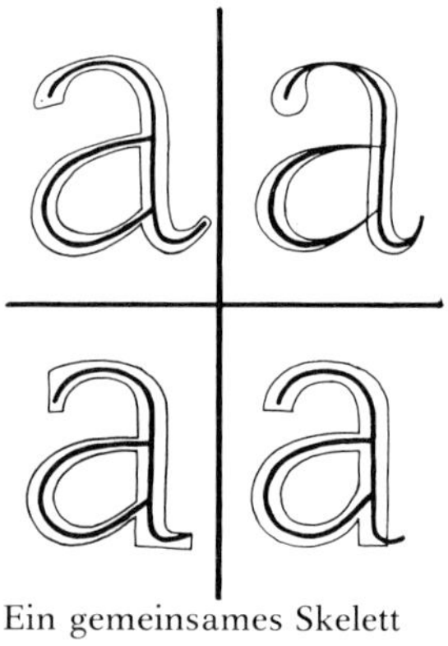

Ein gemeinsames Skelett

Aus den vorstehenden Erläuterungen über die Lesbarkeit möchte man schließen, daß es im Grunde genommen nur *eine* bestlesbare Schrift, also sozusagen einen Archetyp von Textschriften geben könnte und daß für die Zukunft die Gefahr besteht, ein uniformer Schriftprototyp könnte als alleiniges »Verkehrsmittel« zwischen den Menschen funktionieren.

»Schrift« ist wohl auch ein Zweckmittel, wie »Nahrung«, »Kleidung« oder »Wohnung«. Der Reiz aber wird immer im Wechsel des Stils liegen. Es ist anzunehmen, daß der Leser die Silben- und Wortsilhouetten in einer Art Skelettform in sich trägt und daß die Details, die den Schriftstil bestimmen, eher als »Klang« mit aufgenommen werden und den Leseprozeß an sich nicht stören, insofern die Schrift im gesamten, den Grundregeln entsprechend, konzipiert ist. Um den skeletthaften Grundstrich eines Buchstabens herum wird der eigentliche Charakter modelliert. In der Klangzone der Schrift kommt das Künstlerische, das, was man als »Stil« bezeichnet, zum Ausdruck.

Eine erfolgreiche Schrift wird von Millionen von Menschen gelesen. Sie beeinflußt das Skelettschema in jedem Leser. Wenn zu starke Formerneuerungen oder Qualitätsmängel darin vorkommen, stößt die Schrift beim Leser auf einen gewissen Widerstand, der Leseprozeß wird gehemmt.

Zur Demonstration dieser These versehen wir einige Buchstaben der meistgelesenen Schriften der Welt mit einem rotierenden Linienraster. Beim Übereinanderlegen gleicher Lettern in acht verschiedenen Stilen tritt die erwähnte Skelettform im Zentrum des Strichablaufs als dunkelste Grundform klar in Erscheinung.

Im Diagramm »a« erscheint in der unteren Schlaufe die Garamond-Silhouette, die in ihrem »Old-Style«-Aspekt eben auch vom Leser als außergewöhnlich reizvoll, in großen Textmengen jedoch erschwerend gewertet wird. Das gleiche Phänomen ist in der oberen Schlaufe beim »e« ersichtlich, wo die Garamond-Form den höchst angesetzten Horizontalstrich aufweist.

Man erkennt an diesen beiden Beispielen von Buchstaben mit engen Punzen, wie sich vom Ursprung her kleine Innenformen durch den »Massengebrauch« in den modernen Schrift-Silhouetten zu großen Öffnungen normalisiert haben, wodurch beste Erkennbarkeit und sicherste Druckwiedergabe (Gefahr des Zuschmierens) gewährleistet sind.

Aus dem Diagramm »n« geht ebenfalls hervor, daß die Stärke der Serifen, ja sogar deren An- oder Abwesenheit in einer Schrift für die Erkennbarkeit des Zeichens *nicht* ausschlaggebend ist und die Lesbarkeit dadurch nicht wesentlich beeinträchtigt wird. Es könnte allein betont werden, daß die Gegenwart von Serifen einerseits die Linienführung des schnell-lesenden Auges zu unterstützen vermag, und andererseits die Wortbilder etwas fester zusammenfügt. Gegen die Serifen wäre einzuwenden, daß sie nicht ein *form-unterscheidendes* Element bilden, sondern ein *form-angleichendes,* da alle Buchstaben, über das wesentliche Grundskelett hinaus, dieselben Serifen tragen.

Beim Betrachten der Diagramme erhält man den Eindruck, daß die reine Textschrift-Silhouette derjenigen am meisten entspricht, an die der Leser durch den Gebrauch in der Tagespresse (Excelsior - Caledonia) gewöhnt wurde. Die zweite meistverbreitete Silhouette ist die Groteskform (Helvetica, Univers etc.), die mit dem Grundriß in absoluter Über-

Eine gemeinsame Grundform der Textschriften ist nachweisbar

Garamond
Baskerville
Bodoni
Excelsior
Times
Palatino
Optima
Helvetica/Univers

einstimmung steht, mit der einzigen Abweichung der konstanten Strichstärke und der oben schon erwähnten Abwesenheit von Serifen.

Die Grundlagen der Lesbarkeit gleichen einer Kristallisation, geformt durch jahrhundertelangen Gebrauch auserwählter, ausgeprägter Schrifttypen. Das Brauchbare, das sich auf Dauer bewährt hat, bleibt vielleicht für immer als ästhetisches Gesetz im Menschen erhalten.

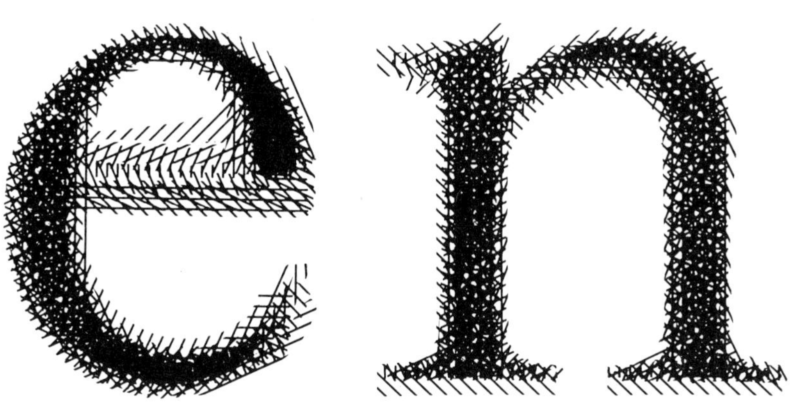

IX Die Zeichen der Zahlenwerte

Die Aufzeichnung von Zahlenbegriffen kann mit Bestimmtheit zu den ersten schriftlichen Niederschlägen des menschlichen Geistes gezählt werden. Wie es etwa unsere Kartenspieler heute noch mit Kreidestrichen auf der Tafel tun, war schon in frühester Steinzeit das Markieren durch Einritzen oder Einkerben von numerischen Werten in Gebrauch. Überliefert finden sich solche Zählsysteme in Knochen, Horn oder Stein gekerbt, in Häute oder Rinde gebrannt, in Schnüre geknotet.

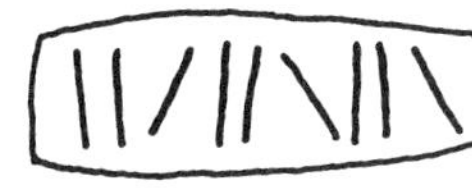

Ritze, Kerben

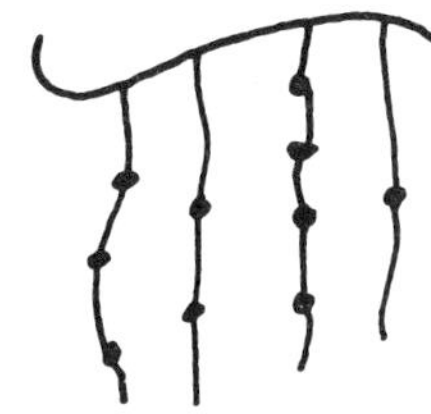

Knoten

Es muß hierzu betont werden, daß derartige Aufzeichnungen in einem weiteren Sinn als nur demjenigen von Zahlwertungen zu verstehen sind. Beispielsweise konnte es sich schon um sprachliche Gedächtnisstützen, um kalendarische Begriffszeichen etc. handeln. Hierbei stoßen wir unwillkürlich auf die Analogie aus unserer Zeit, nämlich auf das Binärsystem der Computersprache, das ebenfalls auf der einfachen, logisch-rhythmischen Reihung eines einzigen Zeichenimpulses (Kerbe = Bit) aufbaut.

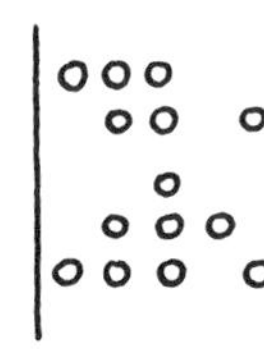

Binär-Impulse

1. Wertbezeichnungen mit Buchstaben

Parallel zum Werdegang der Schriften hat jeder Kulturkreis ein eigenständiges Aufzeichnungssystem von Zahlenbegriffen entwickelt. In vielen Fällen wurden die Zahlwerte mit Hilfe der üblichen Schriftzeichen ausgedrückt. Die klassischen Schreibweisen der Griechen und Römer sind naheliegende Beispiele. Im Griechischen wurden die Alphabetzeichen in ihrer üblichen Reihenfolge auch als Zahlenzeichen gesetzt. Das alleinige Hinzufügen eines Apostrophs gab den Hinweis, daß es sich nicht mehr um einen Tonwert, sondern um einen Zahlenwert handelte.

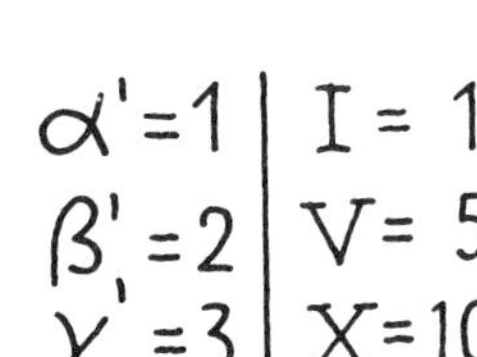

Alphabetische Zahlenzeichen

Die römische Zahlenreihe hat sich ebenfalls an die Alphabetzeichen angelehnt, denn hier verkörpert das einfache Tonzeichen I die kleinste Zahleneinheit. Vielleicht geschah dies aus Analogie mit dem ausgestreckten Finger, was auch für die Werte II und III zutrifft. Auf diese Weise könnte eine offene Hand dem Wert V, zwei Hände dem Wert X als Vorbild gedient haben. Solche bildhaften Vergleiche dürfen jedoch nicht als tatsächliche Entwicklungsvorgänge gewertet werden. Sie gelten vielmehr als Hinweis auf anfängliche bildhafte Beweggründe, die allen Zeichengebungen zugrunde liegen.

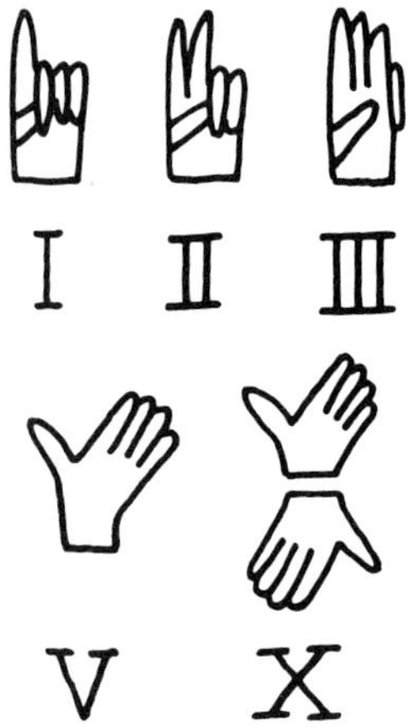

Bildhafte Analogie?

2. Ursprung und Werdegang der arabischen Zahlen

Als wichtigsten Ausgangspunkt bei der Betrachtung der arabischen Zahlen muß man die Tatsache sehen, daß sich deren Entwicklung grundlegend verschieden und getrennt von derjenigen unseres Alphabets vollzogen hat, selbst wenn die beiden Zeichengruppen (Buchstaben und Ziffern) heute in der gedruckten Form eine gewisse »Familienähnlichkeit« angenommen haben.

Die Tatsache dieses formalen Abstandes ist wohl der Hauptgrund, weshalb sich die arabischen Zahlensilhouetten weltweit zu streuen und praktisch in allen anderen Schriftkreisen ebenfalls zu integrieren vermochten.

a Die geniale Idee des Null-Wertes

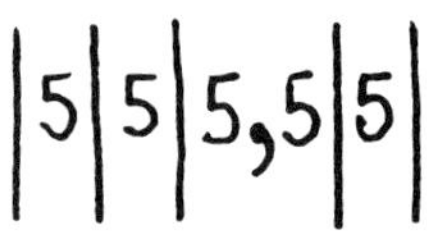

Das Stellenwert-System

Dem Leser wird es kaum bewußt sein, wie grundlegend wichtig die Erfindung des Stellenwert-Systems für die Entwicklung der gesamten Weltökonomie überhaupt ist. Um die zentrale Komma-Stelle gliedern sich links die Einheiten – die Zehner, die Hunderter etc. –, rechts Bruchteile in festgelegter Reihung, die es dem Rechnenden erlauben, durch exaktes Einsetzen der Ziffern jede arithmetische Operation vorzunehmen. Die Möglichkeit eines solchen Systems fundiert in der genialen Erfindung eines Zeichens für »Nichts«, der Null also, die die Stelle ausfüllt, wenn kein Einheitswert in einer Reihe vorhanden ist.

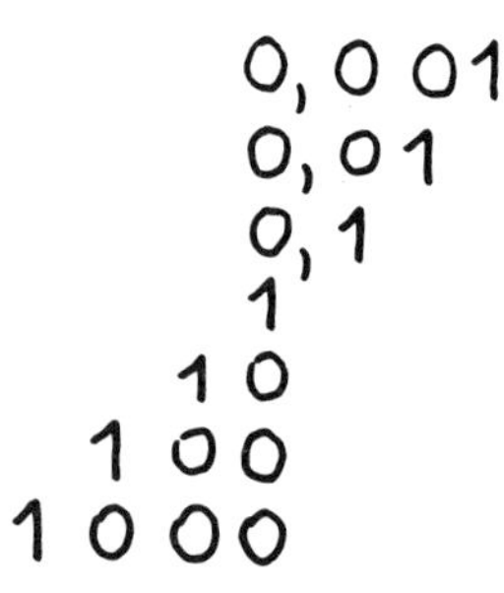

»Null-Geometrie«

Mit anderen Worten könnten die Zeichen 123456789 als konkrete Werte bezeichnet werden, während die Null ein abstrakter Begriff ist und nur im Zusammenhang mit der Stelle, an der sie steht, als Wertstufung funktioniert. Interessanterweise trägt die Kreisform der Null die ambivalente (doppeldeutige) Aussage von Positiv *und* Negativ in sich, denn sie ist Gegenstand *und* Loch zugleich (siehe hierzu Band 1, Seite 44).

Null oder Loch

b Der Ursprung und die Formentwicklung

Die sogenannten »arabischen« Zahlen haben ihren eigentlichen Ursprung in der altindischen Weisheit. Schon im zweiten Jahrhundert v. Chr. findet man Aufzeichnungen, in denen Mengenbegriffe mit Zeichen dargestellt sind, die schon teilweise den Weg zum Dezimalsystem in sich tragen.

Die eigentliche Zehnerreihe hat sich in Nordindien im Verlauf des ersten Jahrtausends n. Chr. allmählich entwikkelt. Formal lehnten sich diese ersten Zeichen, ähnlich wie im Griechischen und Römischen, an Silhouetten der Buchstaben an, nicht jedoch das Nullzeichen, das von Anfang an als kleiner Kreis, später auch nur als großer Punkt geschrieben wurde. So stehen in Sanskrit-Dokumenten aus dem 9. und 10. Jahrhundert eindeutige individuelle Zeichen für jede der zehn Wertangaben der Dezimalreihe.

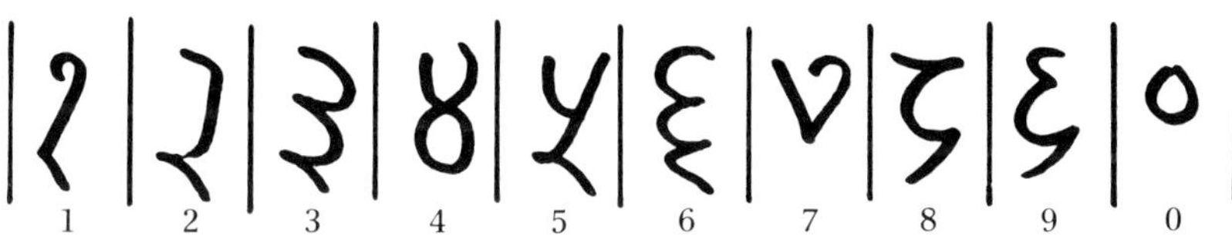

Die persischen Gelehrten, die in dieser Entwicklungsspanne mit der indischen Mathematik vertraut waren, hatten das System übernommen, und aus der Vermischung von indischen und arabischen Zeichen ist in demselben 10. Jahrhundert die typische ostarabische Ziffernreihe entstanden, in der eine Mehrzahl der bis heute überlieferten und im arabischen Schriftenkreis noch immer gebräuchlichen Zahlenzeichen geformt sind.

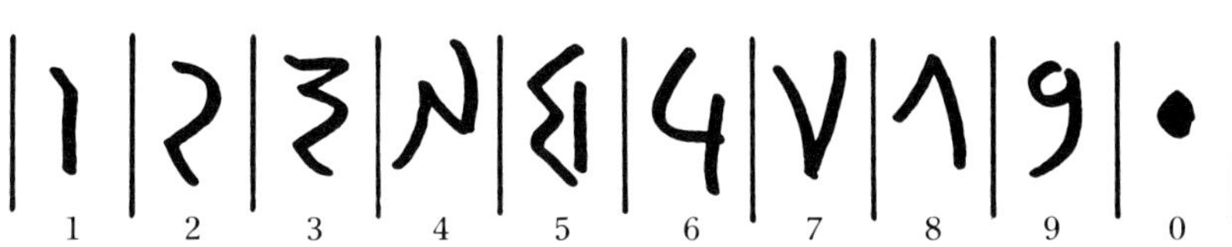

Am Ende des 10. Jahrhunderts begann der Einzug der arabischen Ziffern in die abendländische Welt. Auf einem völkerkundlich einfach erklärbaren Wege fand der erste

Einbruch in Spanien statt, von wo aus das neue Zählsystem sich auf die ganze westliche Welt verbreitete. Eine erste spanische Ziffern-Reihe zeigt bereits einen formalen Ausdruck, wie er, abgesehen von Ausnahmen wie die 5 oder umgekehrte 2, bis auf den heutigen Tag als Grundlage unserer Zahlenformen gelten kann.

Daß diese neuen Mengen-Zeichen, vor allem aber die damit zusammenhängende neue Rechenmethode, für den gesamten Entwicklungsablauf der europäischen Kultur und Wirtschaft von ausschlaggebender Bedeutung war, braucht an dieser Stelle wohl nicht besonders unterstrichen zu werden.

Eine definitive Formfixierung der Ziffern wurde in dieser Epoche zur Notwendigkeit: einerseits zum Gebrauch in den entstehenden exakten Wissenschaften, andererseits im Verkehr zwischen den Ländern durch Handel und Kultur.

Kalligraphierte Ziffern

Drucktechniken
und Ziffernform

Wohl sind die kalligraphischen Stile des Mittelalters sowie die Drucktechniken der Nach-Renaissance am äußeren Bild, sozusagen am »Gewand« der Ziffern nicht einflußlos vorbeigegangen. Sie konnten jedoch die Grundform nicht wesentlich beeinträchtigen. Die Breitfeder des Kalligraphen bestimmte schon ganz anfänglich die Stelle von An- und Abschwellungen der Strichlagen. Buchdrucker, Kupferstecher und Lithographen gliederten später die Ziffernreihe in die stilistische Darstellung der Alphabete ein. So weisen Ziffern des 18. Jahrhunderts die typischen Haarstriche und Tropfen-Endungen der klassizistischen Antiqua auf, während die darauffolgende Epoche serifenbetonte und serifenlose Schriften schuf, bei denen die Ziffern dem Schriftbild angeglichen wurden.

Das 20. Jahrhundert »entschmückt« nun die Ziffern zu Zwecken optimaler Lesbarkeit in allen Bereichen der Konsultation, von der Börsenseite bis zum Telefonbuch. Im Brei-

Die Norm

tenlauf erhalten alle zehn Zeichen ein einheitliches Gesetz mit der Möglichkeit von Kolonnensatz. Aus diesem Grund wird die Eins oftmals mit Serifen versehen, um den seitlichen Weißraum auszufüllen (Ziffern wurden sonst niemals mit Serifen versehen).

3. Einige analytische Betrachtungen

a Sprechen und Zählen

Der Aufzeichnung von Zahlenwerten liegen ganz andere Funktionen zugrunde als diejenigen des verbalen Sprachgutes. Die Ziffer ist ein Ideenzeichen zur Bezeichnung einer Mengeneinheit – der Buchstabe ein reines Tonzeichen zur Wiedergabe einer Lauteinheit. So ist es beispielsweise möglich, einen numerischen Wert einerseits mit einem Zahlenzeichen – »7« –, aber andererseits auch mit Hilfe von Buchstaben – »Sieben« – wiederzugeben.

Phonogramm

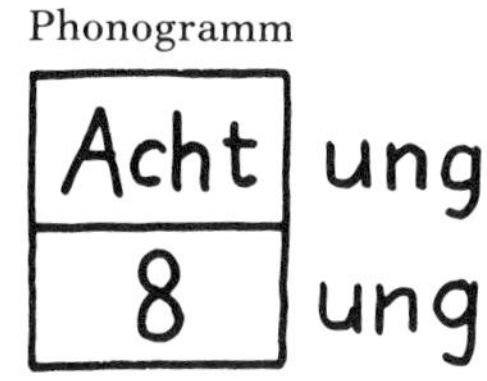

Piktogramm

Eine interessante Betrachtung für den Zusammenhang von Geschriebenem und Gesprochenem ist, daß die Zahlenausdrücke von 1 bis 12 fast ausschließlich einsilbig ausgesprochen werden, und dies in den meisten westlichen Sprachen. Das deutet klar auf eine jahrhunderte alte Reduzierung der Sprech- sowie der Schreibform hin. Diese Beobachtung führt uns fast gezwungenermaßen zu einem Vergleich zwischen Sprache und Schreib-Geste.

Eine Zahl = eine Silbe

b Die Zahlen-Gesten

In jeglicher handschriftlicher Aufzeichnung spielen sich zwei gegensätzliche Operationen ab: die Schnelligkeit des Schriftflusses steht in Opposition zur Lesbarkeit des Aufgezeichneten. Der Schreibende sucht instinktiv nach der kürzesten Zeichenform, um der um vieles schnelleren Flüchtigkeit seines Gedankenablaufs einigermaßen schriftlich folgen zu können. Geschieht dieser Aufzeichnungsprozeß im Bewußtsein, daß Drittpersonen das Geschriebene zu lesen haben, gelangt der Schreibende in den Grenzbereich der Zeichen-Vereinfachung, in dem die Zeichen »entzifferbar« bleiben.

Unmögliche Schreibweise

Unter diesem Gesichtspunkt stellen wir fest, daß das Aufzeichnen von Ziffern ganz anderen Gesetzen des Schreibvorgangs folgt, als dies beim Text-Schreiben der Fall ist. Als Beispiel sei angeführt, daß es unter anderem unmöglich erscheint, Ziffern zusammengehängt zu schreiben. Allein diese Tatsache deutet darauf hin, daß Zahlen nicht gruppenweise wie Wortbilder gelesen, sondern eher als Einzelelemente »entziffert« werden.

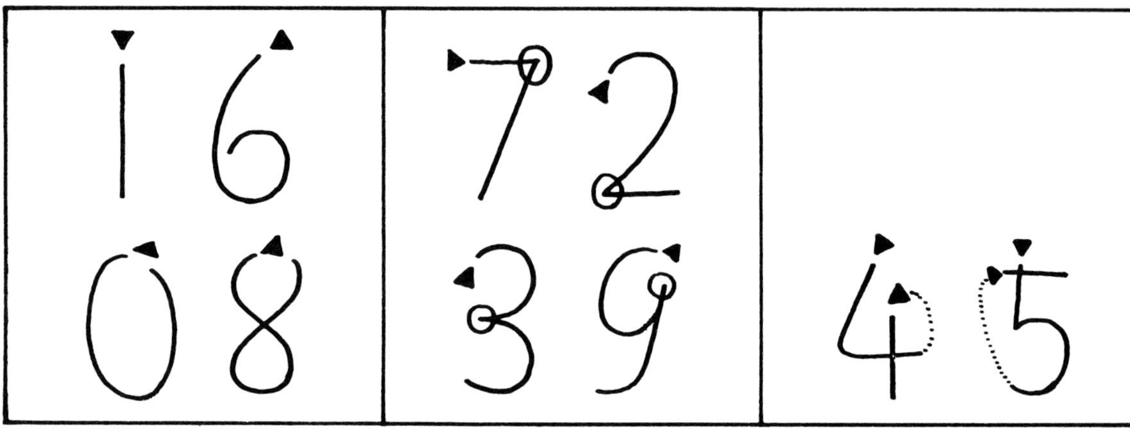

Eine Geste — Doppel-Gesten — Abheben und neu ansetzen

Als wesentliche Gesetzmäßigkeit stellen wir außerdem fest, daß der Schwierigkeitsgrad der Bewegung beim Zahlenschreiben auf ein Minimum beschränkt ist. Die oben angedeutete Einsilbigkeit tritt also ebenfalls in der Einfachheit der Gesetze zutage. Vier Ziffern bestehen aus einer einzigen fortlaufenden Bewegung (1, 6, 8, 0). Vier weitere Ziffern sind zerlegbar in Doppel-Gesten, geteilt durch einen trennenden, also bremsenden Richtungswechsel in Winkelform (7, 2, 3, 9). Nur zwei Ziffern erfordern ein Anheben des Schreibwerkzeuges von der Unterlage (4, 5), und nur in der Fünf ist der zweite Ansatz topographisch festgelegt, am Ausgangspunkt oben links (oft wird die Fünf auch in *einem* Strich ausgeführt, auf die Gefahr hin, im gegebenen Fall als S oder sogar als 8 gelesen zu werden).

Die Ziffern-Aufzeichnung könnte demnach als »monogestuell« bezeichnet werden, im gleichen Sinne, wie deren Aussprache als »monosilbisch« bezeichnet wurde.

c Die Aufteilung in Grundelemente

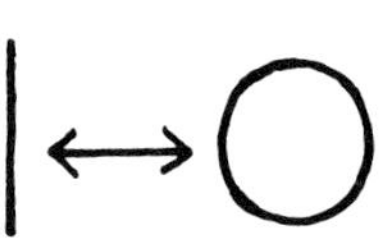

Zwischen Eins und Nichts

Die meistgebrauchten Ziffern sind die 1 und die 0, deren Figuren höchst differenzierte Formgebungen aufweisen: Gerade und Rundung. Wieder stoßen wir auf das Prinzip des Binären: 1 = Kerbe, Hieb, Härte (zwei sichtbare Strich-Enden), 0 = Leere, Bereitschaft (ohne Anfang und Ende).

Zwischen diese beiden Extreme fügen sich die übrigen acht Zahlen in größtmöglicher Formkontrastierung. Im Gegensatz zum Alphabet finden sich in den Zahlen sehr wenige Vertikale, dies bestimmt aus Gründen einer Dominanz der Ziffer 1, die im Gesamtgebilde der Ziffern-Schrift vorzuherrschen hat. Den einzigen Ansatz zu einer zweiten Vertikalen finden wir, etwas verstümmelt und wie zur Sicherheit vom Querbalken durchgestrichen, in der 4.

Dagegen erscheinen Horizontale häufiger, sind jedoch zu klarster Unterscheidung auf unterschiedlichen Ebenen gelagert: 2 = unten, 4 = mittig, 5 und 7 = oben.

Drei Ziffern haben betonte Schrägbewegungen: 2, 4 und 7, wobei zu beachten ist, daß sie alle von oben rechts nach unten links verlaufen. Begründung hierfür ist die allgemein verbreitete rechthändige Schreibweise, die Striche in dieser Richtung am mühelosesten auszuführen vermag.

In der gesamten Ziffernreihe erscheinen nur zwei Strichkreuzungen, in der 4 und der 8, wobei hinzuzufügen ist, daß die beiden Kreuze sich klar durch senkrecht-waagerecht und diagonal unterscheiden. (Im Vergleich mit den Buchstabenformen entdecken wir, daß in allen Druckschriften, gleich welchen Stils, Kreuzungen ebenfalls nur in ganz geringer Anzahl vorhanden sind, nämlich in f und t, in x und X.)

Nur zwei Vertikale

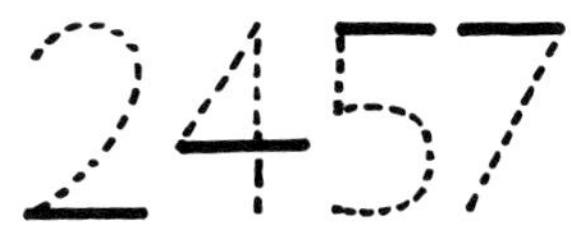

Vier Horizontale

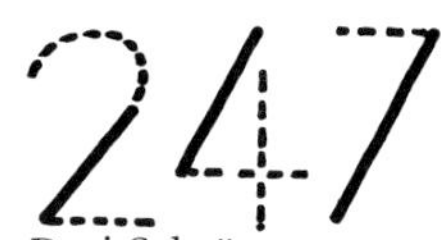

Drei Schräge

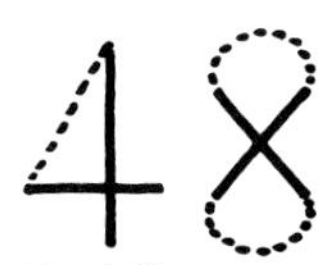

Zwei Kreuzungen

d Die Zukunft der Zahlenformen

Aus den vorangehenden analytischen Zerlegungen geht hervor, wie stark sich die Formenanatomie der Ziffern auf einen hochentwickelten Erkennungsprozeß im Leser ausgerichtet hat. Die kleinste Abweichung führt zur falschen Information. (Unschärfen können im Bereich der Ziffern durch keinerlei Inhaltsfaktoren überbrückt werden, wie dies im geschriebenen Text der Fall ist.)

Die Notwendigkeit dieser Kenntnisnahme ist heute wichtiger denn je; die Formgebung der Zahlen befindet sich gegenwärtig – mit dem Auftauchen der elektronisch gesteuerten Digital-Anzeige – in einer Phase des Umbruchs. Die Technologie hat die Anzeige von Zählwerken auf einen Minimal-Raster von sieben Stäbchen beschränkt, der es wirklich erlaubt, durch alleiniges Weglassen einzelner Elemente die zehn Dezimalwerte anzuzeigen. Ohne Zweifel ist der Le-

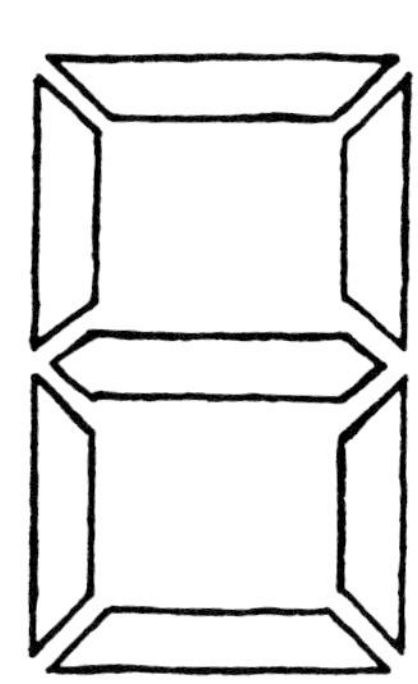
Siebensegmentär

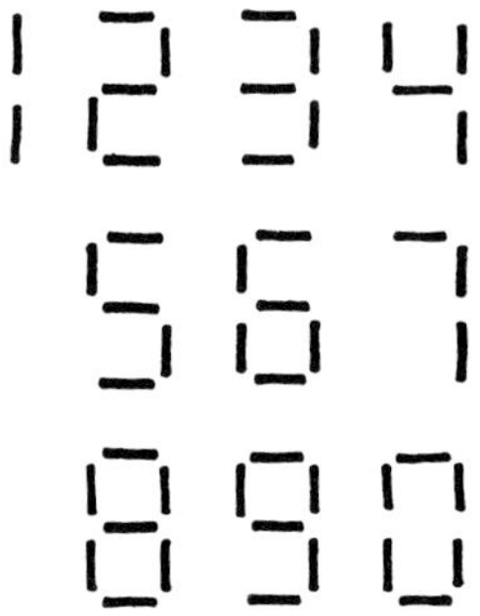

Genial oder primitiv?

ser von heute frustriert durch diese krasse Formreduktion, und es stellt sich nun die Frage, inwieweit die kommenden Generationen die Sieben-Stab-Ziffer als Erkenntnis-Standard aufnehmen werden und sich in eine *zweite* Formenlogik (denn die gedruckte, klassische Ziffernform wird nicht verschwinden) einzuleben vermögen. Andererseits besteht jedoch die Hoffnung, daß die sehr rasch fortschreitenden technischen Errungenschaften zu Lösungen der Digitalanzeige führen werden, denen komplexere, zum Beispiel gekreuzte Raster zugrunde liegen, die mit mehr als nur sieben Stab-Einheiten der klassischen Lese-Norm näherstehende Zeichen erscheinen lassen.

Die Entwicklung auf diesem Gebiet darf mit Spannung verfolgt werden, denn es handelt sich hier um mehr als nur technischen Fortschritt. Es ist eine grundsätzliche Auseinandersetzung zwischen humaner Empfindung und technischer Roheit, die sich am Ende unseres Jahrhunderts abspielen wird.

X Die Satz-Zeichen

Unser Alphabet besteht aus einer festen Reihe von Zeichen für kleinste Lauteinheiten, aus der sich die Schriftsprache zusammensetzen läßt. Die Buchstaben könnten auch als literarisches *Konstruktionsmaterial* bezeichnet werden. Jedoch genügt diese Materie allein nicht, Geschriebenes verständlich zu formulieren. Die Abgrenzung der Worte sowie deren Reihung zu Satzgebilden wird erst durch eine logische Verwendung von Zwischenräumen und Satzzeichen ermöglicht. Diese wesentlichen, wenn auch unausgesprochenen Elemente könnten als *Grenzwerkzeuge* gekennzeichnet werden, mit deren Hilfe das Grundmaterial der Buchstaben gehandhabt, d.h. bezogen und auseinandergehalten wird.

reisen
eisern
riesen
serien

Buchstaben sind das Baumaterial der Worte

1. Der Wortzwischenraum

Der Schriftsetzer weiß von der Anlage des Setzkastens her, daß das Satzelement, das in großen Mengen im untersten Fach seiner Hand am nächsten liegt, ein »blindes« Stück Blei ist, nämlich der Wortzwischenraum. Auch hier stoßen wir wieder auf die elementare Wichtigkeit einer *Abwesenheit* von Zeichen. Erst durch die logische Einschaltung dieser Leerräume wird eine Zeichenreihe zum verständlich lesbaren Schriftsatz.

aneinandermal
aneinander mal
an ein andermal
an ein an der mal

Zwischenräume bewirken das Verständliche

Geschichtlich ist eine konsequente Anwendung von Zwischenräumen als Wortabtrennung nicht mit einer eindeutigen Datierung festzulegen. Frühe griechische und römische Kapital-Inschriften und Manuskripte, in Majuskeln geschrieben, weisen noch keine Lücken als Wortbegrenzung auf. In späteren römischen Aufzeichnungen findet man mittestehende Punkte als Auszeichnung von Namen, dann zwischen Worten oder am Ende von Sätzen.

Die Entwicklung zu einer systematischen Begrenzung der Worte durch ein bewußtes Lückensystem hat sich jedoch weder in der Monumentalschrift noch in der frühen kalligraphischen Buchschrift abgespielt. Sie ist vielmehr in den formflüchtigeren, schnell notierten Handschriften, in denen ein klarer Neuansatz bei jedem Wort für die Lesbarkeit zu ei-

DASWORTISTEINBILD
WELCHESVOMLESER
ALSGESAMTHEITER
FASSTUNDAUFGE
NOMMENWIRD

Das Wort ist ein Bild, welches vom Leser als Gesamtheit erfasst und aufgenommen wird.

Von der Inschrift zur Brotschrift

ner Notwendigkeit geworden war, vorhanden. In der gleichen Zeitspanne, etwa zwischen dem vierten und dem neunten Jahrhundert n. Chr., hat sich in der Buchschrift die Metamorphose von der Majuskel zur Minuskel vollzogen. In diesen beiden Entwicklungsprozessen hat die eigentliche *Wort-Bildung* stattgefunden. Die frühen, stark spationierten Kapitalschriften wurden Buchstabe für Buchstabe entziffert, während der Lesevorgang der enger gewordenen Minuskel ein »Fotografieren« der abgetrennten Wort-Silhouette ermöglichte. Der Wortzwischenraum ist damit zur logischen Schreibordnung geworden.

2. Die Satzzeichen

Eine eingehende geschichtliche oder literarische Abhandlung über Herkunft und Gebrauch der Satzzeichen würde den rein graphischen Bereich dieser Betrachtung überschreiten. Trotzdem liegt es auf der Hand, sie in ihrer heutigen Gestalt als »Hilfen« zur Sprachfixierung an dieser Stelle zu erwähnen. Jedes neugestaltete Alphabet umschließt, im gleichen Stil gezeichnet, eine bestimmte Anzahl von Zeichen, die ihren verschiedenen Funktionen entsprechend in mehrere Gruppen aufgeteilt werden können.

a Satz-Gliederungs-Zeichen

Als solche könnten die elementaren Satzzeichen bezeichnet werden, die den Aufbau eines Gedankengangs innerhalb des linearen Textablaufs regulieren. Der Leser sucht beim »Einsteigen« in eine Textseite eine Orientierung nach Satz-Anfang und -Ende, er hält also Ausschau nach dem *Punkt*-Zeichen (hierbei sind ihm die Großbuchstaben am Satzanfang ebenfalls sehr behilflich).

.

Satz-Ende

Komma und *Semikolon* sind die Zeichen, mit denen ein Satz unterteilt wird, das eine mit schwächerer, das andere mit stärkerer Trennungs-Eigenschaft.

, ;

Teilung und Einteilung

Zu Unrecht werden diese Zeichen oft als sogenannte Atmungs-Hinweise beim Lesen gewertet. Jeder Schauspieler wird erklären, daß die intellektuellen Satzzeichen mit dem rhetorischen Rhythmus nicht übereinstimmen können. Dies sei nur ein Nebenhinweis zur Differenzierung zwischen zwei grundverschiedenen Vorgängen: dem Vorgang des ausgesprochenen und des *un*ausgesprochenen Lesens.

Der *Doppelpunkt* ist, wie es sein Name und sein Aussehen eigentlich schon anzeigen, ein Punkt mit doppelter Bedeutung. Einmal ist er Satz-Ende und zum anderen Einleitung zum folgenden Satz, der sich auf den ersten bezieht. Meistens steht er als Ansage eines Zitats, er wird aber auch als Einführung zu einer Analyse des vorstehenden Satzes gebraucht.

Die *Klammern,* runde oder eckige, aber auch der später erfundene *Gedankenstrich,* sind Zeichen zur Isolierung von eingeschobenen Gedankenteilen verschiedenster Arten (erklärende, zusätzliche, beteuernde etc.). Der Gedankenstrich wird außerdem für andere, jedem Autor eigene Andeutungen verwendet (Auszeichnung, Personenwechsel im Dialog etc.).

Der *Bindestrich* hat zwei entgegengesetzte Bedeutungen: einmal bindet er Wörter zu einem neuen Begriff zusammen, zum anderen trennt er Wörter am Ende einer Spalten-Zeile. Eine ähnliche bindende, aber mehr eine bestimmte Funktion gebende Verwendung findet der *Schrägstrich* oder *Bruchstrich*, wenn er zwischen zwei Wörtern steht.

Zurückblickend auf die Herkunft der obengenannten einfachen Satzzeichen kann als Datum für deren endgültige Festlegung das Ende des Mittelalters, also die Epoche der Erfindung des Buchdrucks, angenommen werden. Wohl bestanden bei den mittelalterlichen Kalligraphen Schreibregeln, die jedoch in jeder Region, in jedem Kloster und in der Hand jedes einzelnen Schreibers eine eigene Aussage und eine persönliche Interpretation hatten.

Die Schreiber des Mittelalters benutzten Punktierungen in erster Linie zur Abkürzung der im Lateinischen sehr langen Wort-Endungen, und zwar im Zusammenhang mit den immer schmäler werdenden Kolumnen, die auf diese Weise einen erstaunlich gut justierten rechten Rand aufzuweisen vermochten. Es war der Punkt, der zur Hauptsache als *Abkürzungs*-Zeichen benutzt wurde; eine Anwendung, die ihm auch bis heute noch zusteht. Ebenso ist der *Apostroph* als Ausfallzeichen bis heute in Gebrauch geblieben.

Da in der lateinischen Sprache die Satzteile immer wieder mit Binde-Wörtern aneinandergereiht wurden (und danach, und zudem etc.), bestand fast keine Verwendung für innere Satzzeichen wie Komma und Semikolon. Durch die häufige Anwendung von großen, oft geschmückten Initialen an den Satzanfängen bestand auch die Notwendigkeit eines Satz-Punktes nicht unbedingt.

:

Einleitung

( ) [ ]

Einschiebung

—

Vielerlei Funktionen

-

Der Strich, der bindet oder trennt

/

Bindezeichen mit Funktionsbestimmung

.

Abkürzung

,

Apostroph, Ausfall

Die Drucke aus der Offizin des Venezianers Aldus Manutius, einem der markantesten Schriftgießer und Drucker der Renaissance, können für die elementare Punktierung als maßgebend betrachtet werden. Sie weisen eine erstaunliche Einheit und Klarheit der Satzregeln auf. Punkt, Komma und Doppelpunkt nehmen bei ihm ihre endgültige Funktion an; auch die Klammerzeichen sowie das Fragezeichen bestehen. Außerdem ist zu bemerken, daß alle Abkürzungen aus dem Textbild getilgt wurden.

!

Beteuerung, Ausruf

?

Frage, Zweifel

« »

“

”

Gesprochenes, Zitiertes

b Satz-Ausdrucks-Zeichen

Die übrigen gebräuchlichen Satz-Zeichen besitzen neben der Funktion der reinen Gliederung zusätzliche Eigenschaften, die dem betreffenden Textteil einen bestimmten Ausdruck zu verleihen vermögen. So charakterisiert das *Ausrufe-* oder das *Fragezeichen* ein vorstehendes Wort oder einen Satz zur Betonung oder zur Bezweiflung. Als wichtig ist anzumerken, daß diese beiden Zeichen aus Endpunkten bestehen, denen eine Erweiterung übergestellt wurde. Deshalb sind diese beiden Zeichen die einzigen, die am Ende eines Satzes den End-Punkt erübrigen.

In *Anführungszeichen* werden in erster Linie diejenigen Textteile gesetzt, die als wörtlich zitiert hervorgehoben werden sollen. Sie finden außerdem noch andere Verwendungen, beispielsweise um ungewohnte Sprachwendungen oder Ausdrücke von der normalen Schreibweise des Autors abzutrennen. Erste Anwendungen von »Guillemets« finden sich schon in Manuskripten des frühen Mittelalters in Form von umgestürzten Lambda-Zeichen < > ; der Erfinder soll »Guillaume« geheißen haben.

Eine weitere Ausdrucksmöglichkeit hat der Schreibende in der Wiederholung oder Kombinierung zweier oder mehrerer nebeneinandergesetzter Zeichen. Er kann dadurch viel »Unausgeschriebenes« andeuten, ohne sich wörtlich auszusprechen. Verbindungen wie !! !? (?) ... (...) etc. sind gebräuchliche Notierungen, die mit »wenig« viel auszusagen vermögen.

Die Satz-Ausdruckszeichen stammen nicht aus der mittelalterlichen lateinischen Schreibweise, sondern aus der Nachrenaissance-Zeit, in der die schriftliche Festlegung der anderen europäischen Sprachen stattfand. Dies ist zum Beispiel der Grund, weshalb Form und Satzart dieser Zeichen von Land zu Land sich etwas anders entwickelt haben. Man unterscheidet beispielsweise zwischen französischen oder englischen Anführungszeichen; im Spanischen werden Frage- und Ausrufezeichen als Ein- *und* Ausführungszeichen gehandhabt etc.

» deutsch «

« französisch »

“ englisch ”

¡ spanisch !

Sprachlich getrennter Gebrauch

c Referenz-Zeichen

Außerhalb des Bereichs der eigentlichen Satz-Aufbauzeichen verfügt der Setzer über eine Anzahl von Figuren, deren Anwendung im gesetzten Text den Leser auf erklärende Textteile hinweisen, mit denen der Autor den flüssigen Ablauf des Grundtextes nicht erschweren will, sondern sie in Form von Fußnoten oder angehängten Notizen außerhalb des Textes setzen läßt. Als Referenz oder Hinweis darauf wird ein Zeichen gesetzt, welches in den gebräuchlichsten Fällen ein *Stern* ist. Im angelsächsischen Sprachgebiet wird zum gleichen Zweck auch das *Degen*-Zeichen verwendet.

Das *Paragraph*-Zeichen könnte in dieser Gruppe aufgeführt werden, da es ebenfalls im Sinne einer Referenz Verwendung findet.

* † §

Hinweise, Referenzen

3. Das Et-Zeichen

Dieses Zeichen ist weder ein Buchstabe noch ein Satzzeichen. Es ist eine außenstehende Begriffsfigur, entstanden aus dem sehr häufig geschriebenen lateinischen Bindewort et (und) und seither durch Jahrhunderte hindurch bestehen geblieben. Das Zeichen ist heute nicht mehr sprachgebunden, sondern wird wie sein mathematischer Bruder + für einen Begriff der Addition, meistens aber im Sinne eines Zusammenschlusses in Firmenbezeichnungen gebraucht. Stilistisch wurde das Et-Zeichen, jeder Epoche und Technik entsprechend, dem Erscheinungsbild des Alphabets angepaßt. Seine Unabhängigkeit von einer direkt-verbalen Lesbarkeit erlaubte es den Schriftkünstlern, an seiner Gestaltung die Lust zum Formfabulieren zu befriedigen.

Et-Zeichen sind an keine Sprache gebunden

£ $ ¢

¥ ℓ ƒ

Währungen

4. Währungs- und andere Zeichen

Als letzte Gattung von Zeichen, die meistens einem jeden Schriftstil angepaßt entworfen werden und deshalb zur Gruppe eines Alphabet-Satzes gehören, sind die *Währungs-*Zeichen zu nennen. Oft bestehen sie aus dem Anfangsbuchstaben des Namens der Währungseinheit eines betreffenden Landes. Diese »Initialen« sind zur klaren Unterscheidung von den Buchstaben des Alphabets meistens einfach oder doppelt durchgestrichen.

Mit der Aufführung dieser Zeichen wäre die Reihe der »stilgebundenen« Figuren, die zu einem Alphabet gehören, beendet. In der ganzen technischen, wirtschaftlichen oder journalistischen Literatur werden natürlich andere Zeichen benötigt, die jedoch mit dem Problem der sprach-fixierenden Schrift nichts mehr zu tun haben, sondern reine Symbole oder Ideenzeichen sind und den Stoff des dritten Bandes dieser Betrachtung bilden.

+ @ = % ×

Bibliographie

Die Sekundärliteratur über die in diesem Band behandelten Themen ist so umfangreich und unüberschaubar, daß ein vollständiges Verzeichnis von vornherein nicht angestrebt werden konnte. Nachstehend sind nur die wichtigsten Titel angeführt. Besonders in Zeitschriften und Periodica wird seit Jahrzehnten über »Die Zeichen der Sprachfixierung« gearbeitet. Die Zusammenstellung erfolgte diesem Umstand Rechnung tragend lediglich unter dem Gesichtspunkt, interessierten Lesern, die zu bestimmten Gebieten nach ausführlicherer Information suchen und eine weitere Vertiefung ihres Verständnisses anstreben, einige brauchbare Hinweise zu geben.

Arntz, Helmut: *Die Runenschrift.* Halle/Saale 1938.

Barton, G. A.: *The origin and development of Babylonian writing.* In: *Beitr. zur Assyriologie, 9. Antiqua.*

Chadwick, J.: *Die Entzifferung der mykenischen Schrift.* Göttingen 1959.

Chiera, Edward: *Sie schrieben auf Ton.* Zürich – Leipzig 1941.

Cohen, Marcel: *La grande invention de l'écriture et son évolution.* Paris 1958.

Degering, Hermann: *Die Schrift.* Tübingen ^{4}1964.

Delitzsch, Friedrich: *Die Entstehung des ältesten Schriftsystems.* Leipzig 1897.

Diethelm, Walter: *Form und Communication.* Zürich 1974.

Diringer David: *The Alphabet. A Key to the History of Mankind.* London ^{2}1949.

Doblhofer, Ernst: *Zeichen und Wunder. Die Entzifferung verschollener Schriften und Sprachen.* München ^{2}1964.

Düwel, Klaus: *Runenkunde.* Stuttgart 1968.

Ekschmitt, Werner: *Das Gedächtnis der Völker.* Berlin 1968.

Ermann, A.: *Die Hieroglyphen. Antiqua* ^{2}1923.

Evans, Arthur J.: *Scripta Minoa I.* Oxford 1909.

Faulmann, Karl: *Illustrirte Geschichte der Schrift.* Leipzig 1880.

Février, James G.: *Histoire de l'Ecriture.* Paris 1948.

Földes-Papp, Karoly: *Vom Felsbild zum Alphabet.* Stuttgart 1966.

Forrer, E.: *Die hethitische Bilderschrift.* Chicago 1931/32.

Fossey, Charles: *Notices sur les caractères étrangers.* Paris 1948.

Friedrich, Johannes: *Geschichte der Schrift.* Heidelberg 1966.

Gelb, Ignace J.: *Von der Keilschrift zum Alphabet.* Stuttgart ^{2}1958.

Grevisse, Maurice: *Le bon usage.* Gembloux 1975.

Hentze, Carl: *Funde in Alt-China.* Göttingen 1967.

Hevesy, M. G. de: *Osterinselschrift und Indusschrift.* In: *Orientalist. Lit.-Zeitung Nr. 11.* 1934.

Jensen, Hans: *Die Schrift in Vergangenheit und Gegenwart.* Berlin 1958.

Kapr, Albert: *Schriftkunst.* Dresden 1971.

Kramer, Samuel Noah: *Mesopotamien. Frühe Staaten an Euphrat und Tigris.* Reinbek ^{3}1971.

Ludwig, Alfred Joseph: *Ziffern und Zahlen.* In: *Der Polygraph, Heft Nr. 3 und 4.* Frankfurt am Main 1974.

Massin: *Buchstabenbilder und Bildalphabete.* Ravensburg ^{2}1970.

Meriggi, Piero: *Zur Indusschrift.* In: *Zeitschrift d. Dt. Morgenl. Ges. 87 (N.F. 12).* 1934.

Miltner, F.: »*Wesen und Geburt der Schrift*«: *Historia Mundi, Bd. III.* Bern 1954.

Pope, Maurice: *Die Rätsel alter Schriften.* Bergisch Gladbach ²1978.

Richaudeau, François: *La lisibilité.* Paris 1969.

Schmandt-Besserat, Denise: *Le plus ancien précurseurs de l'écriture.* In: *Pour la Science 8.* 1978.

Schmökel, Hartmut: *Funde im Zweistromland.* Göttingen 1963.

Strommenger, Eva: *Fünf Jahrtausende Mesopotamien.* München 1962.

Sumer, Assur, Babylon. *7000 Jahre Kunst und Kultur zwischen Euphrat und Tigris.* (Ausstellungskatalog) Mainz 1978.

Tschichold, Jan: *Formenwandlungen der Et-Zeichen.* Frankfurt am Main 1953.

Tschichold, Jan: *Geschichte der Schrift in Bildern.* Basel 1946.

Unger, E.: *Die Keilschrift.* Leipzig 1929.

Vaccari, Oreste: *Pictorial-Chinese-Japanese Characters.* Tokio 1950.

Virl, Hermann: *Die Entstehung und die Entwicklung der Schrift.* Stuttgart 1949.

Weule, Karl: *Vom Kerbstock zum Alphabet.* Stuttgart 1915.

Wilhelm, Richard: *Das Buch der Wandlung.* Jena 1921.

Wills, Franz Hermann: *Bildmarken – Wortmarken.* Düsseldorf 1968.

Wolf, Walther: *Funde in Ägypten.* Göttingen 1966.

In Vorbereitung:

Dritter Band

Zeichen, Symbole, Signete, Signale

Eine reichhaltige Sammlung von nicht-verbalen Symbolen und Zeichen aus der Mythologie, den Religionen und den Wissenschaften aller Zeiten.

Die Aufstellung der Sammlung stellt in ihrer Anordnung zugleich den Versuch dar, die Materie logisch in Gruppen verschiedenster Aussage zu gliedern: Was ist ein Symbol, was ist ein Zeichen, was ein Signet und was ein Signal.

Zeichen-Deutung der Vergangenheit; Bild-Sprachen der Gegenwart; Zeichen und Bild-Informatik der Zukunft . . .

Illustrationsbeispiele
aus dem 3. Band.

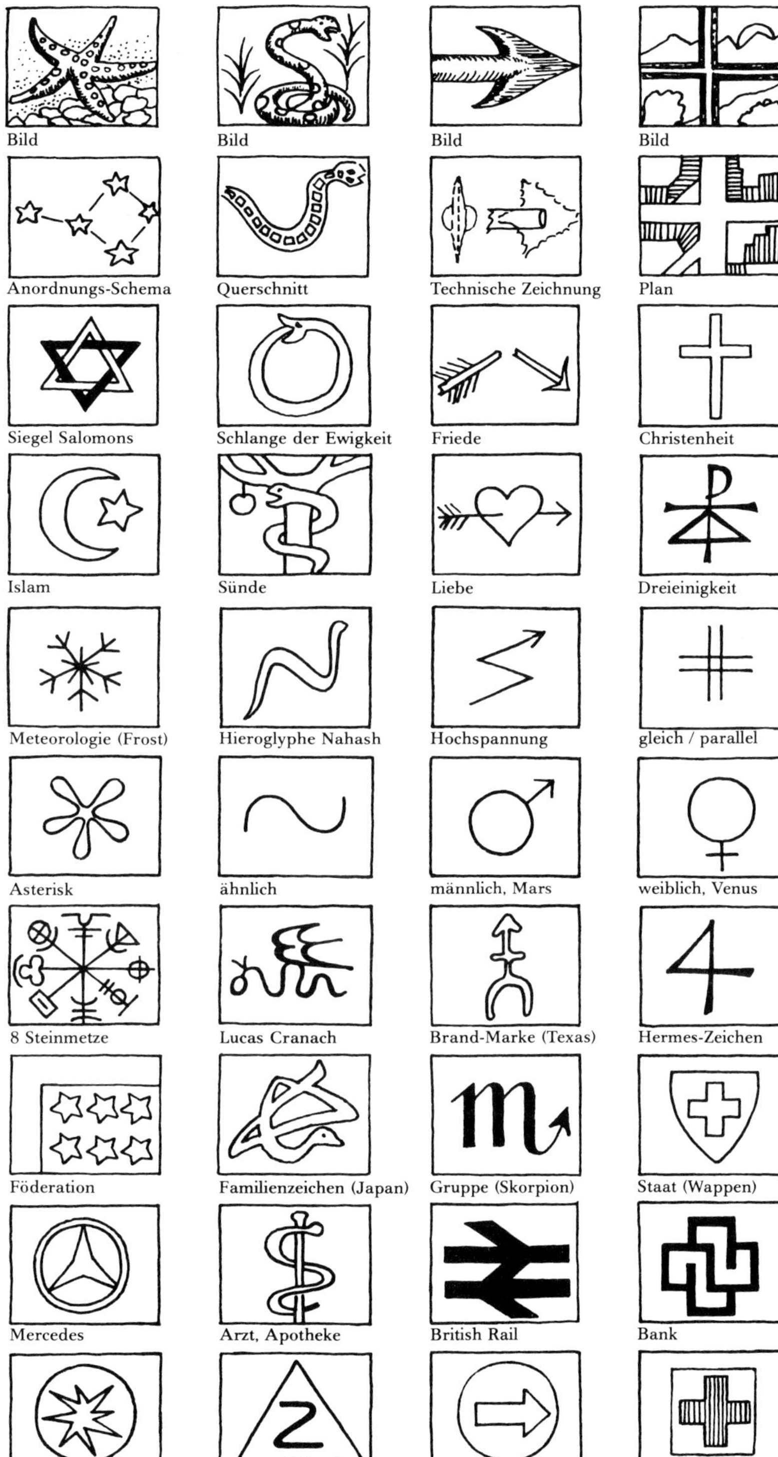

		Stern	Schlange	Pfeil	Kreuz
Zeichnung	Realistisch	Bild	Bild	Bild	Bild
	Schematisch	Anordnungs-Schema	Querschnitt	Technische Zeichnung	Plan
Symbol	Zum Symbol erhobene Zeichen oder Gegenstände	Siegel Salomons	Schlange der Ewigkeit	Friede	Christenheit
	Zum Symbol kombinierte Zeichen oder Attribute	Islam	Sünde	Liebe	Dreieinigkeit
Zeichen Wissenschaftliche Zeichen	Konvention mit erkennbarem Gegenstand	Meteorologie (Frost)	Hieroglyphe Nahash	Hochspannung	gleich / parallel
	Reine Konvention, Verlust des Gegenständlichen	Asterisk	ähnlich	männlich, Mars	weiblich, Venus
Signatur-Zeichen	Markierung, Unterschrift, Besitz-Zeichen	8 Steinmetze	Lucas Cranach	Brand-Marke (Texas)	Hermes-Zeichen
Emblem-Zeichen	Zeichen der Zugehörigkeit zu einer Gruppe, Familie, Staat	Föderation	Familienzeichen (Japan)	Gruppe (Skorpion)	Staat (Wappen)
Marken-Zeichen, Signete	Berufs-Zeichen, Wirtschaft	Mercedes	Arzt, Apotheke	British Rail	Bank
Signal	Anweisung für Verkehr, Bedienung usw.	Explosionsgefahr	Kurve	Richtung	Rotes Kreuz